本成果受到中国人民大学2020年度“中央高校建设世界一流大学（学科）和特色发展引导专项资金”支持

THE CREDIT CHANNEL OF MONETARY POLICY TRANSMISSION

Evidence from the Commercial Banking Sector

货币政策传导的信贷渠道

——基于商业银行视角的研究

朱文宇 ◎ 著

中国财经出版传媒集团
经济科学出版社
Economic Science Press

前　言

传统的金融中介理论认为，由于金融市场摩擦的存在，银行与其债权人之间的信息不对称使银行很难在存款和其他形式的融资之间无摩擦地转换。因此，银行需要根据外部融资溢价的水平确定自身持有的流动性缓冲，以满足政策监管和未来投资的需求。具有微观基础的金融中介理论强调了信息不对称在货币政策传导信贷渠道中的作用。与其他外部融资来源相比，存款更受银行青睐，因为存款合约具有信息不对称性，不会向债权人透露银行的类型。因此，银行会在存款不足的情况下减少贷款（Stein，1998）。这也是货币政策传导信贷渠道的基础，即央行可以通过货币政策影响存款的数量，从而影响银行的信贷行为。

当货币当局实行紧缩的货币政策，或提高风险加权资本以及流动性监管要求时，受到约束的银行将会减少贷款的发放。然而，银行会出于预防性的目的，将信贷资产等低流动性资产替换为政府债券和其他有价证券等高流动性资产，以降低可能出现的流动性短缺并满足监管需求。这时，传统货币政策工具对银行信贷的影响将会发生变化，货币政策传导的信贷渠道也将变得不那么有效。目前既有的对银行部门和宏观政策之间互动的理论研究，更多地采用一般均衡框架下分析方法，对银行层面的资产结构调整等微观主体的机制研究相对较少。卡什雅普和斯坦（Kashyap and Stein，1994）最早利用银行和贷款层面的微观数据，研究了微观主体的异质性对货币政策传导信贷渠道的影响。

2008年世界金融危机之后，特别是美国及欧洲一些国家央行的量化宽松政策和一系列的流动性工具实施之后，由于美国大型国际性银行的全球资本运作和各国资本回报率的差异，充足的流动性经由银行等金融机构和资本市场传导到其他国家，带来更为剧烈的货币供给波动。国际货币基金组织（IMF）也在年报中多次提出，国家和地区的金融联系可能对各国宏观经济表现产生不利影响，并在全球经济范围内产生溢出效应。同时，国际货币基金组织也建议，在货币政策和宏观经济研究上深化对宏观—金融联系（macro-financial linkage）和溢出效应（spill-over effect）的分析。基于这样的背景，此书旨在探索货币政策传导、宏观审慎政策、银行异质性之间的交互关系，通过严谨的理论分析和扎实的实证证据，考察货币政策和宏观审慎政策对不同商业银行国内和跨国信贷的影响，并将分析的重点放在银行异质性对货币政策传导效率的影响上。

本书内容共分为5章。第1章介绍本书的研究背景，并对货币政策传导信贷渠道的主要假设和理论进行梳理。第2章从理论上讨论银行内部资本市场与货币政策传导信贷渠道之间的关联。第3章研究银行层面的异质性如何影响传统和非传统货币政策通过信贷渠道的传导。第4章通过全球大型跨国商业银行的信贷数据，讨论了商业银行内部资本市场在其跨国资源配置中的作用，实证分析了货币政策传导信贷渠道的跨国溢出效应。第5章利用我国商业银行的微观数据，对货币政策传导与宏观审慎政策互动的机制进行了分析。

在此特别感谢笔者在乔治华盛顿大学商学院攻读博士学位期间的导师杨家文老师，本书第1章至第3章的主要内容框架和核心思想都是来自杨老师的悉心指导。同时，也要感谢其他几位合作者：中国人民大学财政金融学院何青老师、罗煜老师、芦东老师、张祎博士、刘尔卓博士；

对外经济贸易大学金融学院旷纯老师；暨南大学经济与社会研究院李霄阳老师；美国罗切斯特大学商学院刘子杰博士。本书第3章至第5章的相关内容，都得益于笔者与合作者们的研究。中国人民大学财政金融学院为笔者撰写此书提供了很好的科研环境和相关支持，在此致以衷心的感谢。

CONTENTS 目录

第 *1* 章

导　言

传统的凯恩斯主义 IS－LM 模型认为，银行在货币政策传导机制中并没有发挥特殊作用。当中央银行通过公开市场操作或提高存款准备金来减少银行体系中的流动性时，银行的可贷资金就会减少。如果银行可以无摩擦地借助外部资金来替代存款型的负债（如发行有价证券或同业拆借），那么银行就有可能保持贷款能力基本不变，以应对货币紧缩带来的冲击。在这种情况下，中央银行的行为将导致流动性的削减和利率的上升，但不会影响银行的贷款。这一连串的推理被称为货币政策传导的"纯货币观"或"利率渠道"（Bernanke，1990；Bernanke and Blinder，1988；Kashyap and Stein，1994，1995；Mishkin，1995）。货币观的基本假设可以概括为以下几点：

（1）存在两种资产（货币和债券）和单一利率；

（2）银行（企业）可以用其他外部资金来源，如债券或大面额的定期存单（CDs）来无摩擦地抵销存款（或可贷资金）的短缺［银行的莫迪戈里安尼－米勒（Modigliani-Miller）范式］；

（3）中央银行可以通过调整存款准备金来控制“货币”（即银行存款）的数量；

（4）必须有某种形式的不完全的价格调整，以防止货币冲击成为中性。

在另一种与其相对的分析框架中，银行与其债权人之间的不对称信息使得银行很难在存款和其他形式的融资之间无摩擦地转换。同样，银行贷款和公开发行的债券也不是企业融资的完美替代品。因此，一些银行无法通过增加其他资金来源来完全抵销可贷资金的流失。这意味着公开市场操作可以直接影响贷款供给，并在货币政策传导中形成信贷渠道。根据这种信贷渠道文献的一些早期贡献者（Bernanke，1990；Bernanke and Blinder，1988；Kashyap and Stein，1994，1995；Mishkin，1995；Peek and Rosengren，1995；Stein，1998），主要假设如下：

（1）存在三种资产（货币、债券和银行贷款）；

（2）银行不认为贷款和有价证券是其资产负债表上的完美替代品，企业也不认为银行贷款与其他外部资金来源相同（市场不完美）；

（3）中央银行可以通过调整银行准备金来控制“信贷”（即银行贷款）的数量；

（4）一定存在某种形式的不完全的价格调整，使货币冲击不能成为中性。

伯南克和布林德（Bernanke and Blinder，1988）将负斜率的商品和信贷（CC）曲线引入基于 IS - LM 的简单模型中。在一个非莫迪戈里安尼 - 米勒范式的世界里，贷款和债券并不是完美的替代品，CC 曲线会受到货币政策冲击和信贷市场冲击（贷款利率的变化）的影响而移动。信贷渠道运行的关键条件是：（1）货币政策必须对贷款的供给产生一定的影响；（2）这些贷款和债券对某些企业来说不是完美的替代品（Kashyap and Stein，1994）。

早期的一些实证结果与货币政策的信贷观点是一致的。在用宏观数据检验信贷渠道时，伯南克和布林德（1992）发现，紧缩的货币政策（通过提高联邦基金利率呈现）会影响银行资产的构成。更具体地说，银行对货币紧缩的反应是短期内减少证券持有量，长期内减少贷款。联邦基金利率与银行贷款之间的这种互动关系超出了利率渠道的范围，从而证实了信贷渠道的存在。卡什雅普等（Kashyap et al.，1993）也发现，货币政策的变化会导致银行贷款的波动，增加商业票据替代银行贷款。他们观察到，货币紧缩导致商业票据存量增加，银行贷款减少，并得出结论：由于收缩性货币政策的冲击，银行贷款供给减少。这被视为有力支持货币政策传导的信贷渠道论证的证据。

值得一提的是，一些早期的宏观经济学论文也关注了一般均衡框架下的金融部门。伯南克等（1999）将信贷市场效应纳入动态新凯恩斯（DNK）模型中，发现信贷市场摩擦会放大和传播对宏观经济的冲击。受伯南克等（1999）的启发，一些研究将金融加速器或整个金融部门加入动态随机一般均衡模型（DSGE）中（Boivin et al.，2010；Gilchrist et al.，2009；Brunnermeier and Sannikov，2014）。

利用银行层面的数据，一些文献关注银行层面的特征（如规模、流动性或资本充足率）如何影响货币政策传导机制中的信贷渠道。卡什雅普和斯坦（1995）根据银行的资产规模对银行进行分组，发现小银行的贷款行为比大银行的贷款行为对货币政策更敏感。他们还提出了一个观点，即流动资产的持有量对于小银行缓冲货币政策冲击至关重要，因为大银行可以更容易地通过外部融资缓解存款不足。卡什雅普和斯坦（1995，2000）利用1976～1993年期间美国所有银行的大型面板数据来检验资产负债表健康程度（即流动性水平）在银行应对货币政策冲击中的作用。他们的结论是，贷款对货币政策的敏感性（贷款对流动性变化的敏感性）对小型银行具有统计学上的重要性，但对有更好的外部资本市场机会的大型银行来说，则不重要。在小型银行中，货币政策的变化对那些资产负债表流动性最低的银行的贷款更为重要。他们的研究结果还表明，货币政策对工商贷款的影响比对其他类型银行贷款的影响更大。基尚和奥佩拉（Kishan and Opiela，2000）提供的证据表明，与资本充足的银行相比，高杠杆银行的贷款增长对货币政策变化更为敏感。此外，一些关于“信贷紧缩”的早期研究也关注银行资本对银行贷款融资能力的制约作用。皮克和罗森格伦（Peek and Rosengren，1995）、布林克曼和霍维茨（Brinkmann and Horvitz，1995）、伯杰和尤德尔（Berger and Udell，1994）以及汉考克和威尔科克斯（Hancock and Wilcox，1998）等的研究都表明，银行资本不足和引入基于风险的资本监管要求可以共同解释1990～1992年信贷紧缩的严重性。虽然这些研究没有检验在给定的资本充足率状况下，货币政策如何影响银行的贷款增长，但它们建立了银行资本状况和贷款增长之间的紧密关系。皮克和罗森伯格（1996）对信贷紧缩文献进行了补充，探讨了资本管制作为货币政策影响银行贷款的制约因素的作用。他们的模型强调了资本约束在货币扩张期间对新英格兰银行贷款增长的抑制作用。

为了进一步解释货币政策信贷渠道的基本原理，两个有微观基础的理论模型明确研究了信息不对称在信贷渠道中的作用。根据斯坦（1998）的观点，与其他外部融资来源相比，存款更受银行青睐，因为存款有一定的信息不对称性，不会向债权人透露银行的类型。因此，银行会在存款不足的情况下减少贷款。研究还表明，在不同的信息不对称水平下，贷款对存款的弹性是增加的。在卡什雅普和斯坦（1995，2000）的研究中，银行的资产规模可以看作衡量信息不对称的替代指标。这个模型在一定程度上解释了为什么银行不能无成本地用外部资金或非存款型负债来替代存款。在信贷配给文献（Stiglitz and Weiss，1981）的基础上，塔科（Thakor，1996）强调了银行与其借款人之间的信息不对称。如果银行面临筛选成本或融资成本的增加，银行会增加配给的概率，减少贷款发放。当货币当局提高资本监管要求时，受到约束的银行会作出反应，增加配给概率，从而减少贷款。此外，货币政策的效果主要取决于利率期限结构（即收益曲线中长期利率与短期利率的差异）。

很多文献也开始关注内部资本市场在信贷渠道中的作用。利用美国数据进行的实证研究发现，与独立的小银行相比，隶属于大型银行控股公司（BHCs）的小银行对（传统）货币政策的敏感度较低（Campello，2002）。此外，使用跨国银行或全球银行样本的实证研究也表明，大型银行的子公司对货币冲击的反应较小（De Haas and Van Lelyveld，2010；Cetorelli and Goldberg，2012）。这两类文献都将货币政策传导机制的有效性与有效的内部资本市场的作用联系起来。

这方面的相关研究还关注了货币政策和资本监管框架对银行贷款行为的影响。沙米和科西马诺（Chami and Cosimano，2010）研究了《巴塞尔协议Ⅰ》资本监管要求对银行行为的影响，认为资本监管要求已经取代准备金要求成为银行贷款行为的主要制约因素。奇基诺（Zicchino, 2005）扩展了沙米－科西马诺模型，分析了《巴塞尔协议Ⅱ》框架下的资本约束。亚当斯和阿梅尔（Adams and Amel, 2005）研究了银行业竞争与货币政策通过信贷渠道传导的关系，得出结论：在市场较为集中的地方，货币政策对贷款发放的影响较弱。国际货币基金组织的一系列工作文件也研究了货币政策对银行风险承担的影响。戴尔阿里西亚等（Dell'Ariccia et al.，2010）和戴尔阿里西亚等（2013）从理论和实证两方面证明，货币宽松政策会增加银行的风险承担，而且这种影响对于资本金不足的银行来说不太显著。他们的研究结果意味着，货币政策对银行风险承担的影响在不同国家和不同时间段可能有所不同，并将取决于当地银行市场状况。本书第5章将对《巴塞尔协议Ⅲ》资本监管框架下宏观审慎政策和货币政策对信贷渠道效率的影响进行进一步研究。

除传统货币政策的信贷传导渠道外，在2008年世界金融危机之后，也有一些文献开始研究以量化宽松为代表的非传统货币政策的信贷传导渠道。中央银行的大规模资产购买（large-scale asset purchases，LSAP）计划会增加投资者和机构的流动性资产，从而降低流动性溢价，一些文献也对这种非传统货币政策传导的流动性渠道进行了研究（Krishnamurthy and Vissing-Jorgensen, 2011；Hancock and Passmore, 2014）。因此，根据这支文献的理论，流动性程度不同的银行将对央行的非传统货币政策作出不同的反应，这种反应将在银行的信贷水平上得到体现。本书的第3章将使用银行层面的微观数据对这个问题展开研究和探讨。

除对本国资本市场的影响外，中央银行的非传统货币政策的信贷渠道还有一定的溢出效应。基于美国联邦储备系统（以下简称"美联储"）在2008年世界金融危机后的大规模资产购买计划，尼利

（Neely，2012）发现LSAP计划对发达国家的国债收益率造成了20～80个基点的影响（降低）。另外，现有的银行文献也研究了跨国银行在货币政策国际传导过程中扮演的作用。文献表明，跨国银行由于跨国业务的开展，受本国货币政策的影响正在减弱。与此同时，它们也更容易将一国的货币供给冲击（正向或者负向），通过银行内部资本市场传递到其他国家（Peek and Rosengren，2000；Popov and Udell，2010；Cetorelli and Goldberg，2012；Schnabl，2012）。

然而，从C. D. 罗默和D. H. 罗默（C. D. Romer and D. H. Romer，1990）开始，存在一些文献质疑传统的信贷渠道。C. D. 罗默和D. H. 罗默（1990）认为，银行在面临负向存款冲击时，可以低成本地筹集外部资金来维持贷款增长。因此，它们可以通过持有几乎没有准备金要求的可转让大额存单，使自己免受货币政策对准备金变化的影响。阿什克拉夫特和坎佩洛（Ashcraft and Campello，2007）也指出，银行的财务约束对于放大货币政策对均衡贷款的影响是很重要的，但这些变化在总量上还不足以使信贷渠道成为传导机制的重要组成部分。

与试图否定信贷渠道重要性的文献不同，一些理论文献（Bernanke，2007；Borio and Disyatat，2010；Disyatat，2011）显示了与传统货币政策模型不同的另一种信贷渠道。迪斯雅塔特（Disyatat，2011）将替代性信贷渠道定义为：紧缩性货币政策会增加外部融资溢价，从而导致贷款利率上升，降低银行贷款需求的机制。因此，这种替代性信贷渠道主要是通过货币政策对银行资产负债表强度和外部融资溢价的影响来发挥作用的，而不是通过影响银行的可贷资金量。事实上，这些结果也与一些早期的文献研究一致，这些文献记录了大型、流动性好、资本充足银行的银行贷款对货币政策缺乏响应性（Gambacorta，2005；Kashyap and Stein，1995，2000；Kishan and Opiela，2000；Stein，1998）。

本书将从四个不同的角度考察信贷渠道。第 2 章研究银行内部资本市场在货币政策传导的信贷渠道中的作用；第 3 章研究非传统货币政策的信贷渠道传导；第 4 章探索货币政策通过信贷渠道的跨国溢出效应；第 5 章讨论《巴塞尔协议Ⅲ》宏观审慎框架对货币政策信贷渠道传导效率的影响。

第 2 章

银行内部资本市场与货币政策传导

2.1 引言

正如成熟的货币政策传导的银行信贷观所预测的那样，货币政策可以通过改变银行用于支持其贷款业务的资金供应量或资金的边际成本来影响银行的贷款行为。然而，理论模型关注的是信贷渠道的不同运行机制。例如，塔科（1996）将货币传导与银行和其借款人之间的信息不对称联系起来，而斯坦（1998）则考虑了银行与其债权人之间信息不对称的意义。

与理论的预测一致，对美国数据的实证研究发现，与独立的小银行相比，隶属于大型银行控股公司（BHC）的小银行对（传统）货币政策的敏感度较低（Houston et al.，1997；Campello，2002）。此外，使用跨国银行或全球银行样本的实证研究也发现，这些大银行的子公司对货币冲击的反应较小（De Haas and Van Lelyveld，2010；Cetorelli and Goldberg，2012）。这两类文献都将货币政策传导的有效性与有效的内部资本市场的作用联系起来。

基于现有的理论和实证研究结果，与只研究本国银行相比，研究跨国银行对东道国货币政策的相对敏感性是很有意义的。根据斯坦（1998）和塔科（1996）的理论，我们从以下两个方面来研究这个问题。一方面，由于银行与其债权人之间的信息不对称，外部融资成本高，限制了银行在面临紧缩货币政策带来的负面存款冲击时的贷款能力。而有效的内部资本市场的存在，通过在内部配置成本相对较低的资金，缓冲了货币政策对银行融资成本的影响。另一方面，从银行贷款决策的角度看，当货币政策冲击涉及贷款资金成本的变化时，银行会受到货币政策冲击的边际影响，如风险加权资本监管要求的提高。由于银行与借款人之间的信息不对称，贷款资金成本的增加将提高银行的信贷配给概率，降低其贷款总量。在这里，有效的内部资本市场将引发资本从高成本市场流向低成本市场，从而传导货币冲击。因此，内部资本市场的这两种抵消力量（作为缓冲和放大器）将导致跨国银行在东道国货币冲击下呈现不同的贷款行为。

2.2 文献综述

一系列的实证文献以美国本国银行和跨国银行为样本，从差异方面研究内部资本市场在货币政策传导的信贷渠道中的作用。休斯顿等（Houston et al.，1997）撰写了第一篇描述银行业内部资本市场功能的论文。他们利用 281 家美国 BHC 及其银行子公司 9 年的面板数据，研究各子公司贷款增长对内部产生的资本增量的反应差异。在整个分析中，他们都假定资本市场摩擦使内部和外部融资成本之间存在差异，而这个差异对贷款增长和投资的敏感性至关重要。他们认为，未达到最低资本监管要求的银行在外部融资方面的成本较高，因为与资本充足的竞争对手相比，它们更有可能放弃潜在的贷款机会。他们关于贷款增长和银行资本金之间关系的发现表明，资本金超过监管最低标准的银行控股公司在贷款方面享有更大的增长空间。他们还发现了支持卡什雅普和斯坦（1995）理论预测的证据，即银行贷款对货币政策冲击的反应关键取决于其流动性状况。休斯顿等（1997）表明，贷款增长与BHC持有的证券资产比呈正相关。这表明当银行的流动性受到限制时，将可以通过出售证券为潜在的贷款机会提供资金。休斯顿等（1997）的研究结果和讨论与货币政策传导的信贷渠道文献一致，他们认为货币政策可以通过盈利能力、流动性和资本充足率，对银行的贷款产生直接影响。他们还注意到信贷渠道运行有效的一个必要条件，即银行不能无成本地用非存款资金替代受存款保险保障的存款。在此条件下，银行与其债权人之间关于银行投资组合价值的信息不对称将产生逆向选择和道德风险问题，增加银行的外部融资成本。

银行层面的特征如何影响信贷渠道在货币传导中的有效性是文献中提出和回答的另一个重要问题。卡什雅普和斯坦（1995）根据银行的资产规模对银行进行分组，发现小银行的贷款行为比大银行的贷款行为对货币政策更敏感。他们还提出了一个观点，即高流动性资产的持有对于小银行缓冲货币政策冲击至关重要，因为大银行可以更容易地通过外部融资缓解存款不足。与卡什雅普和斯坦（1995）的观点一致，卡什雅普和斯坦（2000）利用1976~1993年美国所有受存款保险保障的银行的大型面板数据来检验资产负债表健康度（即流动性程度）在银行应对货币政策冲击中的作用。他们的结论是：贷款对货币政策的敏感性（贷款对流动性的敏感性）对小型银行具有统计学上的重要性，但对有较好的外部融资渠道的大型银行则不重要。在小型银行中，货币政策的变化对那些资产负债表流动性最低的银行的贷款有更大影响。卡什雅普和斯坦（2000）的研究结果还表明，货币政策对工商贷款的影响比对其他类型银行贷款的影响更大。

坎佩洛（Campello，2002）关注了小银行群体内部银行隶属关系的差异，以美国的商业银行数据为例，研究了内部资本市场在缓解外部融资约束对投资影响方面的意义。样本中的小银行被分为两组：BHC 附属的小银行和独立经营的小银行。在不同的货币政策下，比较两组银行的贷款—现金流敏感性。结果表明，相比之下，在货币紧缩的情况下，BHC 附属银行新增贷款对自身现金流的敏感性较低。这一结果表明，内部资本市场抑制了货币政策对银行贷款的影响。坎佩洛（2002）试图回答的第二个有趣的问题是，内部资本市场的存在是否会促进 BHC 的投资效率。结果表明，内部资本市场在无融资约束的 BHC 中是可以提升效率的，因为坎佩洛发现，管理不善的 BHC 附属银行并不会因为内部资本市场的存在而不受到货币政策的冲击。虽然内部资本市场在受融资约束的 BHC 中显示出低效率的交叉补贴，但坎佩洛认为，银行与其债权人之间的信息不对称是内部资本市场带来的投资效率低下的根源。

如同内部资本市场对货币紧缩的缓冲效应一样，银行跨州整合被假设为可以平滑经济周期关联州的商业周期。摩根等（Morgan et al.，2004）建立了一个州际银行模型，研究了当资本可以或不能在两个州之间自由流动时，贷款需求以及供给冲击的不同影响。他们的结论是，银行业一体化对经济波动的净影响取决于贷款需求与供给冲击的大小。州际银行的跨州资本流动可以缓解银行的资本供给冲击对各州贷款总量的不利影响，而资本的流动也可能会恶化企业的贷款需求冲击的影响。由于样本期间没有州际信贷流动，摩根等通过 BHC 在不同州的银行子公司数据来衡量银行一体化。结果表明，州际银行使各州的商业周期差异性变得更小、不同州之间变得更相似。在州内银行与其他州的银行联系更紧密时，经济波动也更小。从某种意义上说，BHC 一体化的作用就像内部资本市场一样，将不同州的银行连接起来，减少其经济波动。

跨国银行及其内部资本市场，特别是其对母国与东道国货币政策冲击的反应，在文献中得到了广泛的研究。在第一篇于实证框架下分析跨国银行贷款的微观和宏观决定因素的文献中，德哈斯和范莱利维尔德（De Haas and Van Lelyveld，2010）对跨国银行内部资本市场的存在及其在保护其子公司贷款能力方面的作用进行了研究，认为内部资本市场很重要，因为它在子公司之间建立了金融联系，同时还发现了 BHC 将稀缺资本分配给子公司的证据。此外，他们还讨论了跨国银行子公司是否会加剧经济冲击的跨境传递的相关问题。德哈斯和范莱利维尔德（2010）将内部资本市场的机制总结为两种效应。第一种是支持效应，指的是 BHC 向受到金融冲击的子公司增拨资本的做法。他们认为，“支持效应”意味着跨国银行的内部资本市场的存在可以抑制东道国的货币政策传导效率。第二种是替代效应，指的是跨国银行在面临某国贷款盈利能力下降的情况下，在其子公司之间重新分配资本。与支持效应相反，他们认为，通过将资本通过内部资本市场从低回报国家转移到高回报国家，跨国银行将使各国自身的经济周期波动更加剧烈。

现有的实证研究认为 BHC 的内部资本市场的支持效应更强，即经营状况更好的跨国银行的子公司增长较快。在系统性银行危机期间，跨国银行子公司的信贷受到较小影响，而与此同时本国的银行被迫大幅减少信贷供给。同时，现有研究的估计结果对替代效应的支持力度较弱，即一家 BHC 子公司的信贷增长与同银行控股公司其他子公司的盈利能力的关系比与其自身的盈利能力的关系更为紧密（呈现正向关联）。这意味着内部资本市场的支持效应可能大于替代效应，即当 BHC 某一家子公司表现良好时，母公司会将更多的资本相应地分配给这一家子公司的效应。德哈斯和范莱利维尔德（2010）还考察了子公司层面的信贷增长对母国和东道国宏观经济变量的反应。结果表明，当母国经济增长放缓时，跨国银行子公司的贷款扩张速度较快；而当东道国经济繁荣时，贷款增长速度也较快。这一发现意味着跨国银行子公司的经营可以稳定当地经济，对东道国经济发展有利。因为跨国银行的存在，东道国的信贷总供给变得更加稳定，信贷变化与当地经济周期的相关性较小。

根据卡什雅普和斯坦（2000）以及坎佩洛（2002）的理论，切托雷利和戈德伯格（Cetorelli and Goldberg，2012）检验了随着货币政策条件的变化，跨国银行外国子公司的贷款是否更依赖于母公司的资产负债表状况。他们研究了银行全球化对货币政策传导机制的影响，表明跨国银行较少受到金融危机的影响，同时还发现，大型非跨国银行对金融危机的绝缘程度低于卡什雅普和斯坦（2000）的研究结果。此外，切托雷利和戈德伯格（2012）通过观察美国市场的流动性收紧时，跨国银行集团的关联公司流向美国母公司的资本净额，支持了内部资本市场的存在；从国内流动性冲击对国外关联公司贷款规模影响的角度，证明了全球银行的内部资本市场流动对国际货币政策传导机制的影响。因此，切托雷利和戈德伯格（2012）认为，货币政策对全球银行的影响越来越小，国际政策协调对货币政策的有效性将更为重要。

2.3 银行与其债权人之间的信息不对称问题

2.3.1 现有模型概要

斯坦（1998）研究了在外部融资市场信息不对称的情况下，货币政策传导机制中信贷渠道的存在。如果存在信息不对称，银行融资中的存款如果受到负面影响，在存款不足的情况下，“好”银行会减少贷款而不是筹集更多的外部融资。随后斯坦（1998）证明，随着信息不对称水平的增加，贷款对存款的弹性是增加的。其理由是，增加外部融资会向投资者发出“坏”银行的信号，从而提高其未来的外部融资成本。因此，在斯坦（1998）所构建的简单世界中，由于受存款保险保障的存款不携带银行类型信息，因此比其他类型的外部融资来源更受欢迎。如果我们愿意假设货币当局对存款的供给有一定的控制权，那么银行的贷款行为就可能会受到货币政策的影响。

本章的模型预测在相关的实证研究中得到了检验（Kashyap and Stein, 1995, 2000）。卡什雅普和斯坦（1995）用银行规模作为模型中信息不对称度量的代理变量，发现不同资产规模的银行使用不同的融资形式，信息不对称程度较低的银行（即规模较大的银行）由于发行非存款负债的成本较低，因此外部融资较为充足；此外，他们还发现小银行的贷款对存款冲击更为敏感。卡什雅普和斯坦（2000）也记录了贷款对货币政策的敏感度（贷款对流动性的敏感度）对美国小型银行具有统计学意义，但对外部资本市场机会较多的大型银行则不敏感。

2.3.2 模型设定的改进

然而，这一类模型并不能很好地刻画2008年世界金融危机后银行资产负债表的一些重要特征。首先，该模型假设法定准备金要求是有约束力的。换句话说，银行被假定为持有接近零的超额准备金。过去银行几乎没有持有超额准备金的动力，部分原因是2008年世界金融危机前，美国央行，即美联储，对准备金不支付利息。从2008年10月9日起，美联储开始对存款机构的法定准备金和超额准备金余额支付利息。除了准备金利率和银行对无风险资产的偏好外，金融危机使银行产生了对流动性短缺的担忧，这有效地增加了银行对超额准备金的需求。由于证券的清算成本飙升［在斯坦（1998）模型中假设为零］，银行倾向于持有超额准备金以缓冲金融危机期间意外的流动性冲击。

其次，斯坦（1998）模型中没有纳入有效的内部资本市场的作用。包括格特纳等（Gertner et al.，1994）和斯坦（1998）在内的一系列内部资本市场研究指出，内部资本市场可以有效降低存款市场的信息不对称性，从而提高潜在的市场效率。内部融资的一个重要特点是，它是一种不受到信息不对称影响的银行融资方式，这使得它很有希望成为普通存款的替代品。因此，能够获得低成本内部融资的银行能够较好地抵御存款变化带来的冲击，并能够维持其贷款放款的水平。实证研究也证实，能够使用内部资本市场的银行受货币政策冲击的影响较小。坎佩洛（2002）提供的证据表明，在货币紧缩时期，独立小银行的贷款供给更依赖于自身的现金流，而BHC

附属的小银行的贷款供给对银行自身现金流的敏感性较低。

2.3.3 模型

按照斯坦（1998）的模型设置思路，我们对模型进行了一些修改，来解释跨国银行与本国银行相比贷款行为的差异。模型的框架采用斯坦（1998）的经典两期模型。

在斯坦（1998）的研究中，银行资产负债表的资产端有四个项目：（1）银行所需准备金，用 R^R 表示；（2）新增贷款，用 L 表示；（3）证券持有量，用 S 表示；（4）原有资产，用 K 表示。持有准备金是为了满足准备金要求。自 2008 年世界金融危机以来，银行持有的超额准备金数额巨大，不容忽视，因此它是这个修正模型中资产方面的第五项，用 R^E 表示。为方便讨论，准备金（包括所需和超额准备金）和证券持有量或贷款以外的任何金融工具的无风险回报率被标准化为零。在第二个时期，假设贷款和证券都可以以一定的成本进行清算。净清算成本用 vJ^2 和 cT^2 表示，其中 J 和 T 分别是银行在第二期可以选择清算的贷款和证券数量。资产方面的选择变量包括贷款（L）、证券（S）、清算的贷款（J）和清算的证券（T）。原有资产（K）可以看成早期的贷款，这些贷款一直存在于账面上，同时这些原有资产的数量不能调整。通过原有资产（K）引入信息不对称，因为每家银行的 K 值是私有信息，不为公众所知。如果一家银行是“好”的（G 型），其原有资产的价值将是 K^H；而一家“坏”的（B 型）银行的 K 值将是 $K^L < K^H$。按照斯坦（1998）的说法，假设 K^L 和 K^H 与 L 相比都是无限大的，信息不对称程度可以用 $A \equiv (1 - K^L/K^H)$ 来衡量。考虑到模型中引入信息不对称的度量方式

A，它可以反映银行外部融资中的成本。在卡什雅普和斯坦（1995）的实证检验部分，银行规模被用作 A 的代理变量，因为大型银行在外部融资中面临的潜在困难较少，因此在融资中成本较低。

在资产负债表的负债方面，斯坦（1998）研究中的银行有三个资金来源：（1）受存款保险保障的存款 M；（2）之前筹集的非存款融资 P；（3）非存款的外部融资 E。根据内部资本市场文献，模型中增加了一个关键变量 I，它代表来自内部资本市场的非存款融资增量。为了更好地将分析重点放在跨国银行与本国银行货币传导机制的差异上，在整个分析过程中都假定内部资本市场是有效率的。更具体地说，我们假设：

（1）$I_2^B=0$，稀缺资源在内部资本市场上得到有效配置，因此，会在第二个时期流向"好"银行；

（2）银行可以无成本地用 I 代替 M；

（3）由于假设利用内部资本市场融资不会暴露银行类型的信息，因此，I 和受存款保险保障的存款一样，是不影响信息不对称水平的；

（4）大银行能更好地利用内部资本市场融资；

（5）A 是 I 的函数，且随着 I 增加是递减的［即 $A'(I)<0$］。

关于内部资本市场效率的最后一个假设可能需要做一些阐述。A 相对于 I 的负一阶导可以认为是：（1）内部资本市场规模与通过银行规模衡量的信息不对称之间呈负相关；（2）内部资本市场可以通过提供低成本的融资来缓解这种信息不对称问题（当银行资产价值难以被外部投资者评估时，外部融资成本高）（Houston et al.，1997）。斯坦（1998）认为可储备资金与不受信息不对称影响的资金之间的对应关系，使货币政策具有影响银行贷款行为的潜力。假设存款是外生的，给定 M_1 的 M_2 在$[\rho M_1+(1-\rho)m-\gamma/2,\rho M_1+$

$(1-\rho)m+\gamma/2]$上均匀分布。正如我们在本节后面所要证明的那样，内部资金也是不影响信息不对称水平的，这项假设确保了国际资本市场融资在流动性短缺时可以保证银行的贷款能力。为简化起见，如斯坦（1998）假设，原有资产完全由前期的非存款融资支持，因此 $K=P$，银行在时间 $t=1$ 和 $t=2$ 的资产负债表约束条件如下：

$$t=1:L+S+R^R+R^E=M_1+E_1+I_1\text{或} L+S+R^E=M_1(1-\phi)+E_1+I_1$$

$$t=2:L-J-T=M_2(1-\phi)+E_1+E_2+I_1+I_2$$

其中，ϕ 为存款的准备金要求率。如斯坦（1998）所假设的，银行是贷款市场的垄断者，面对的贷款需求表为 $L^D=a-br$，其中 r 为贷款利率，b 为贷款需求弹性。

该模型可以反向求解。满足乔－克雷普斯（Cho-Kreps）直观准则的博弈结果是一个分离均衡，其中“坏”银行以无扭曲的方式在最优水平上放贷，而“好”银行则减少 Z 的贷款。B型银行的利息收入 rL 最大化，放贷数量为 $L^B=a/2$。由于贷款和证券的清算存在成本，“坏”银行会在第一期内筹集足够的外部融资，并设定 $J=T=E_2=0$ 以避免清算成本。按照斯坦（1998）的观点，“坏”银行将持有一些缓冲资产，包括证券和超额准备金，数量大于或等于

$$S^F+R^E=(1-\phi)[(M_1-m)(1-\rho)+\gamma/2]-I_2$$

同时，“好”银行持有的贷款水平将低于最优水平 $L^B=a/2$。

防止B型银行在第一期和第二期模仿G型银行的激励相容条件如下：

$$t=1:Z^2/b=A(I)E^G(\text{选择 } Z>0 \text{ 的成本}=\text{选择 } Z>0 \text{ 的收益})$$

$$t=2:vJ^2=A(I)E^G(\text{选择 } J>0 \text{ 的成本}=\text{选择 } J>0 \text{ 的收益})$$

$$cT^2 = A(I)E^G(\text{选择 } T>0 \text{ 的成本} = \text{选择 } T>0 \text{ 的收益})$$

由直观条件求解 Z，我们得到 $Z = -A(I)b/2 + (A(I)^2b^2 + 4A(I)bE_1^B)^{\frac{1}{2}}/2$，其中 $E_1^B = \max\{0, L^B - (1-\phi)[\rho M_1 + (1-\rho)m - \gamma/2] - I_1\}$。将 Z 代入 G 型银行和 B 型银行的贷款供给关系中，得到以下结果：

$$L^G = L^B - Z = a/2 - [-A(I_1)b/2 + (A(I_1)^2b^2 + 4A(I_1)bE_1^B)^{\frac{1}{2}}/2]$$

其中，$E_1^B = L^B - (1-\phi)[\rho M_1 + (1-\rho)m - \gamma/2] - I_1$。

由此，我们得到以下三个命题。

命题 1 假设 $E_1^B > 0$，且 $A'(I) < 0$，G 型银行在内部资本市场融资 I_1 减少之后，会相应地减少贷款 L^G，即$\frac{\partial L^G}{\partial I_1} > 0$。

命题 2 假设 $E_1^B > 0$，且 $A'(I) < 0$，G 型银行在存款 M_1 减少后会相应地减少贷款（L^G）。当内部资本市场资金 I_1 较为充足时，M_1 与 L^G 之间的联系较弱，即$\frac{\partial^2 L^G}{\partial M_1 \partial I_1} < 0$。

命题 3 假设超额准备金为 θM_1，银行持有的证券对 M_1 的反应取决于其超额准备金率。对于 G 型银行来说，当银行持有更多的超额准备金时，M_1 和 S 之间的联系较弱，即$\frac{\partial^2 S^G}{\partial M_1 \partial \theta} < 0$。

命题 1 是直观的，因为无论是 G 型银行还是 B 型银行，都认为内部资本市场融资是存款的完美替代品。换句话说，银行的贷款所需资金可以通过内部资本市场融资解决。因此，内部资本市场的融资可以在存款水平降低时增强银行的放贷能力。这里要注意的是，我们在模型中加入了信息不对称的影响，假设大银行将有更好的机会从内部资本市场获得融资。因此，这些银行由于可以从内部资本市场获得更充足的资金，因此较少地受到由信息不对称带来的高外部融资成本的影响。这一命题与跨国银行和货币政策文献中的一些实证研究结果一致（de Haas and van Lelvyveld，2010；Cetorelli and Goldberg，2012），即跨国银行或大型 BHC 附属银行由于能够使用内部资本市场，对货币政策冲击的反应较小。

我们从命题 2 中得到类似的结果。命题 2 表明内部资本市场融资对银行贷款—存款的敏感性有一定的调节作用。具体来说，在紧缩的货币政策导致存款减少的情况下，从内部资本市场获得资源较多的银行受到的影响较小，即较少地降低贷款水平。这一结论也有助于解释为什么跨国银行更能抵御东道国货币政策紧缩的影响。与相对“孤立”的地方银行相比，大型跨国 BHC 关联的银行除了存款或高成本的外部融资外，还有更多的低成本融资选择来减缓外部流动性的冲击。在金融危机等关键时刻，当大量准备金和高流动性资产从市场中流失、外部融资成本飙升时，这种获取低成本融资的优势会更加突出。

命题 3 考察的是超额准备金在保护银行免受流动性短缺影响方面的作用。由于银行持有的证券不能不计成本地变现以补充存款的不足，尤其是在金融危机期间，银行更有动力持有更高水平的超额储备，以应对可能出现的流动性短缺。这也部分解释了为什么在 2008 年世界金融危机中，美国三轮量化宽松都大幅增加了银行的超额准备金，而广义货币供应量（M2）增加较少。即使美联储在 2009 年降低准备金利率后，这一趋势也没有从根本上改变。因此，当银行持有更多的超额准备金时，证券对存款的敏感性会下降。

总之，通过在斯坦（1998）研究的基础上加入内部资本市场和超额准备金，我们能够讲述一个更完整的故事，更好地近似银行目前的经营环境。除了银行与债权人之间的信息不对称（与银行规模相关）外，我们还着重分析了高效的内部资本市场如何通过其对信息不对称带来的外部融资高成本的缓解作用，解释跨国银行与本国银行的贷款对货币政策的不同反应。

2.4 银行与其借款人之间的信息不对称现象

2.4.1 概要

塔科（1996）建立了银行与贷款申请人之间的博弈模型，其中借款人的类型是银行不知道的私有信息。银行与其借款人之间的这种信息不对称对于在模型中引入信贷配给至关重要。模型中的信贷配给是指银行由于向后倾斜的供给曲线，不经筛选就拒绝企业的贷款申请。由于筛选是有成本的，每个借款人都面临着被银行信贷配给的概率。因此，借款人会同时向多家银行提交申请，以此来增加自己获得资金的机会。但是，当银行收到的贷款申请数量增加时，所需的筛选工作量加大、筛选噪声增大，从而会进一步增加筛选成本。因此，银行会通过增加信贷配给的概率来应对这种情况。塔科（1996）证明，每个借款人接触的银行存在一个最优数量，而且这个数量对于“好”的借款人和“坏”的借款人是一样的，因为后者会模仿前者的行为。塔科（1996）在其论文中得出的命题 3 指出，在纳什均衡中，银行将信贷配给的概率是下式的解：

$$\{\gamma\eta[1-\eta(1-p)]^{N-1}(\delta R-r_L-\alpha)\}-\{(1-\gamma)(1-\eta)[1-(1-\eta)(1-p)]^{N-1}(r_L+\alpha)\}=C \tag{2.1}$$

其中，η 为银行正确识别借款人类型的概率，p 为信贷配给的概率，γ 为借款人良好的概率，δ 为项目产生正现金流 R 的概率，r_L 为贷款资金成本（利率），α 为投资于无资本监管要求的证券的净收益，C 为筛选成本。式（2.1）左边第一个括号内是在借款人接触的 N 家银行中，正确识别出“好”的借款人并提出贷款意向的银行的预期收益；第二个括号内是指将“坏”的借款人误认为“好”的借款人并提出贷款意向的银行的预期损失。不难看出，配给的概率取决于银行的筛选成本 C、资金成本 r_L 和贷款的机会成本 α。塔科（1996）在其论文中得出的一个关键结果是命题5，它考察了筛选噪声为零时或η（银行正确识别借款人类型的概率）为1的极限情况：

$$\lim_{\eta \to 1} p \equiv . \ p_1 = \left[\frac{C}{\gamma(\delta R - r_L - \alpha)} \right]^{1/N-1} \tag{2.2}$$

很明显，筛选成本 C、资金成本 r_L 和贷款机会成本 α 的增加将导致配给的概率增加，即$\frac{\partial p}{\partial C} > 0$、$\frac{\partial p}{\partial r_L} > 0$ 和$\frac{\partial p}{\partial \alpha} > 0$。

2.4.2 模型的讨论

关于模型对货币政策的预测，提高风险加权资产的资本监管要求将减少银行贷款总量，资本成本较高的银行受货币政策这一变化的影响较大。但是，货币政策的效果将取决于两个重要因素：（1）资本监管要求对银行是否具有约束力；（2）货币政策对利息期限结构的影响。

首先，我们考察银行资本充足率的初始水平对货币政策传导效率的影响。根据塔科（1996）的研究，我们将贷款资金的成本分解为两部分：存款的成本和（权益）资本成本。我们假设 r_L 的函数形式如下：

$$r_L = \omega \cdot r^D M + (1 - \omega) f(\min\{\tau, \tau^R\}) \tag{2.3}$$

其中，ω 表示银行的资本结构；r^D 为存款支付的利率 M；$f(\cdot)$ 是一个递增函数，代表银行的资本成本。$f(\cdot)$ 函数中的参数为 $\min\{\tau, \tau^R\}$，其中，τ 为银行资本充足率的实际水平，τ^R 表示货币当局的资本监管要求。不难看出，只有约束性资本监管要求才能影响贷款资金成本，从而改变银行的贷款行为。这一预测与休斯顿等（1997）的实证研究结果一致。他们发现，资本监管要求存在约束的银行，其贷款增长率较低。此外，他们还发现，接近或低于最低资本监管要求的银行，其贷款增长对盈利（内部现金流）的敏感性显著提高。

其次，即使资本监管要求具有约束力，货币政策的影响仍然取决于其对利息期限结构的影响。如塔科（1996）所定义的，证券投资的净收益 α 是以证券投资收益 r_M 与存款利息 r 之间的利差来计算的，将 r_M 和 r 代入式（2.1）可以得到：

$$\lim_{\eta \to 1} p \equiv . p_1 = \left[\frac{C}{\gamma[\delta R - r_L - (r_M - r)]}\right]^{1/N-1} \tag{2.4}$$

其中，货币政策可能会通过 r_L 和 $r_M - r$ 的变化对信贷配给概率产生不同的影响。例如，如果长期利率的上调幅度大于短期利率的上调幅度，银行会更倾向于选择更长期限的证券，r_M 相对于 r 增加。在这种情况下，r_L 的下降会被 α 的增加所抵消，使得配给概率 p 不受影响。因此，银行贷款总量的增加并不可能出现。

关于跨国银行的贷款行为，休斯顿等（1997）认为，BHC 附属银行的贷款与其银行控股公司而不是其自身的资本充足率有更强的相关性。同时，资本金超过监管最低限额的银行控股公司在贷款方面存在显著更大的增长潜力。因此，我们认为，由于跨国银行自身的资本充足率对其贷款的影响比其控股公司资本充足率对其贷款的影响要小，因此跨国银行的贷款将不会受到东道国资本监管要求变化的影响。但是，在一般情况下，跨国银行的信贷行为对东道国的货币政策变化作出反应也是合理的，因为 r_L 的增加代表了当地贷款边际成本的增加。如果其他国家没有发生类似的变化，那么可能发生的情况是，BHC 将把资金从 r_L 较高的子公司转移到贷款资金成本较低的地方。此外，切托雷利和戈德伯格（2012）的研究结果表明，内部资本市场将促进组织内部的资金动态转移，更偏向于低成本的资金来源。这种内部贷款模式可能导致东道国货币政策的国际溢出效应，尤其是在东道国货币宽松时期。我们将在第 4 章更具体地讨论货币政策通过信贷渠道的跨国溢出效应。

2.4.3 结论与拓展

本章的两个理论模型从不同的角度审视了货币政策影响银行贷款的信贷渠道。综合起来，我们从货币政策对银行融资成本的影响及其对银行贷款资金成本和配给概率的影响两个方面，对货币政策传导信贷渠道的微观机制有了更好的认识。

从跨国银行对东道国货币政策变化的反应来看，这两个模型可能会有相反方向的预测。具体而言，内部资本市场缓解了银行与债权人之间的信息不对称对银行融资的影响，使得跨国银行在面临存款短缺时有可能用内部资金替代昂贵的外部融资。在这种情况下，跨国银行对东道国流动性冲击的敏感度似乎会降低。此外，由于东道国的资本监管要求变化对跨国银行的约束性较小，当发生监管变化，如提高资本监管要求时，其贷款资金成本受影响的可能性较小。因此，跨国银行信贷水平的变化对东道国资本监管要求变化的反应可能不那么显著。但是，内部资本市场的存在，使得跨国银行可以更有效地配置资金，将资金从高融资成本国家转移到低融资成本国家。因此，当东道国的资本监管要求发生变化，使跨国银行在当地的贷款成本增加时，跨国银行会减少在东道国的贷款，将资金从高成本国转移出去。同样，在东道国货币宽松的情况下，跨国银行可以利用较低的资金成本，通过内部资本市场将东道国低成本资金转移到银行集团内部的其他分支机构。如果这些国际资金转移对本国银行来说没有发生，那么与本国银行相比，跨国银行对东道国货币政策变化的反应会更加强烈。

从上面的讨论可以看出，内部资本市场可以保护跨国银行的贷款能力，使其免受东道国货币政策变化带来的流动性短缺的影响。同时，内部资本市场提供了资金在机构内部进行国际转移的渠道，以达到更高的效率水平。因此，实证检验内部资本市场对东道国货币政策变化的缓冲和放大效应将是一个潜在的研究方向。

附录　模型证明

1. 命题1的证明

G型银行贷款的函数定义为：

$$L^G=L^B-Z=a/2-[-A(I_1)b/2+(A(I_1)^2b^2+4A(I_1)bE_1^B)^{\frac{1}{2}}/2]$$

其中，$E_1^B=L^B-(1-\phi)[\rho M_1+(1-\rho)m-\gamma/2]-I_1$。

对 L^G 取 I_1 的一阶导数，我们得到：

$$\frac{\partial L^G}{\partial I_1}=\frac{1}{2}A'(I_1)b-\frac{-A(I_1)b+\frac{1}{2}A(I_1)b^2A'(I_1)+bE_1^BA'(I_1)}{\sqrt{A(I_1)^2b^2+4A(I_1)bE_1^B}}$$

$$=\frac{b\sqrt{A(I_1)^2b^2+4A(I_1)bE_1^B}\cdot[\frac{1}{2}A'(I_1)\sqrt{A(I_1)^2b^2+4A(I_1)bE_1^B}-\frac{1}{2}A(I_1)bA'(I_1)-E_1^BA'(I_1)+A(I_1)]}{A(I_1)^2b^2+4A(I_1)bE_1^B}$$

通过重新排列分子右侧项，我们得到了以下结果：

$$\frac{1}{2}A'(I_1)\sqrt{A(I_1)^2b^2+4A(I_1)bE_1^B}-\frac{1}{2}A(I_1)bA'(I_1)$$

$$-E_1^BA'(I_1)+A(I_1)$$

$$=A'(I_1)\left[\frac{\sqrt{A(I_1)^2b^2+4A(I_1)bE_1^B}}{2}-\frac{A(I_1)b+2E_1^B}{2}\right]+A(I_1)$$

$$=A'(I_1)\left[\frac{A(I_1)^2b^2+4A(I_1)bE_1^B-[A(I_1)b+2E_1^B]^2}{4}\right]+A(I_1)$$

$$=A'(I_1)[-(E_1^B)^2]+A(I_1)$$

我们已经知道 $A'(I_1)<0$，那么由此可见，$\frac{\partial L^G}{\partial I_1}>0$。

2. 命题 2 的证明

同样，我们从 G 型银行的贷款供给函数可得：

$$L^G = L^B - Z = a/2 - [-Ab/2 + (A^2b^2 + 4AbE_1^B)^{\frac{1}{2}}/2]$$

其中，$E_1^B = L^B - (1-\phi)[\rho M_1 + (1-\rho)m - \gamma/2] - I_1$。

取 L^G 对于 M_1 的一阶导数，我们得到以下结果：

$$\frac{\partial L^G}{\partial M_1} = \frac{A(I_1)b(1-\phi)\rho}{\sqrt{A(I_1)^2b^2 + 4A(I_1)bE_1^B}} > 0$$

取 L^G 对于 M_1 和 I_1 的二阶导数，我们得到以下结果：

$$\frac{\partial^2 L^G}{\partial M_1 \partial I_1} = \frac{A'(I_1)b(1-\phi)\rho}{\sqrt{A(I_1)^2b^2 + 4A(I_1)bE_1^B}} - \frac{\frac{1}{2}A(I_1)b(1-\phi)\rho[-4A(I_1)b + 2b^2A(I_1)A'(I_1) + 4A'(I_1)bE_1^B]}{(\sqrt{A(I_1)^2b^2 + 4A(I_1)bE_1^B})^3}$$

$$= \frac{[2A(I_1)b^2(1-\phi)\rho E_1^B + 2A(I_1)^2b^2(1-\phi)\rho]A'(I_1)}{(\sqrt{A(I_1)^2b^2 + 4A(I_1)bE_1^B})^3}$$

我们已经知道 $A'(I_1) < 0$，可以得出：$\frac{\partial^2 L^G}{\partial M_1 \partial I_1} < 0$。

3. 命题 3 的证明

为了使银行的信贷完全免受存款减少的冲击，包括证券和超额准备金在内的缓冲资产的最低持有量为 $S^F + R^E = (1-\phi)[(M_1 - m)(1-\rho) + \gamma/2] - I_2$。借用斯坦（1998）研究中推论 1 和推论 2 的结果，B 型银行在第 1 时间将持有 $S^B \geqslant S^F$，而 G 型银行在第 1 时间将有 $S^G < S^F$。

因此，我们有 S^F 对 M_1 的函数表达式：

$$S^F(M_1)=(1-\phi)\left[(M_1-m)(1-\rho)+\frac{\gamma}{2}\right]-I_2-\theta M_1$$

对于 M_1 的一阶导条件是：

$$\frac{\partial S^F}{\partial M_1}=(1-\phi)(1-\rho)-\theta$$

如果$(1-\phi)(1-\rho)>\theta$［或者$(1-\phi)(1-\rho)<\theta$］，则上述条件为正（或负）。因此，从相对于 θ 的二阶偏导数中很容易看出，随着超额准备金 θM_1 的积累，存款对证券持有的敏感性变弱，即 $\frac{\partial S^F}{\partial M_1\partial\theta}<0$。

第3章

非传统货币政策与银行信贷

3.1 引言

为应对2019年秋季的回购市场动荡，美联储10月宣布，联邦公开市场委员会（FOMC）已决定至少在2020年第二季度继续从市场购买国债，“以在一段时间内将充足的储备余额维持在或高于2019年9月初的水平”[①]。2019年9月初的准备金水平约为1 472.8亿美元，其中13 384.7亿美元为超额准备金。[②] 如此高的准备金水平，是2008年世界金融危机后实施量化宽松（quantitative easing，QE）政策的新常态。过去，银行持有的准备金只是为了满足法定准备金要求，超额准备金率通常为零；但在2008年世界金融危机后，美国大部分银行，尤其是大型银行开始持有大量的超额准备金。银行持有（超额）准备金的这种剧烈变化，意味着银行准备金的“可贷性”

① 美联储：《关于货币政策执行的声明》，https：//www. federalreserve. gov/newsevents/pressreleases/monetary20191011a. htm，2020年2月12日。

② 圣路易斯联邦储备银行的FRED数据库。

发生了变化。为了能够评价量化宽松政策的有效性，一个相关的问题仍然值得研究——大量的准备金是否以及在多大程度上最终会影响银行的贷款。本章研究了银行贷款如何应对美联储通过量化宽松注入的流动性，重点研究了银行持有的超额准备金。

既有文献对金融中介机构在货币传导中的作用进行了大量研究。伯南克和盖特勒（Bernanke and Gertler，1995）的研究是最早提供经验证据支持货币政策的信贷渠道（也称银行贷款渠道）存在的研究之一。[①] 2008年世界金融危机以来，美联储的货币政策工具发生了一些重大变化。为了对抗经济下滑，美联储直接向私营部门注入流动性。这种非传统货币政策的直接干预被称为量化宽松。量化宽松通过多种方式进行，包括通过大规模资产购买计划（LSAP）购买长期国债和住房抵押贷款支持证券（MBS）。[②] 考虑到零利率下限时期流动性注入的规模和常规货币政策工具的有限影响，我们认为这一段特殊时期提供了一个理想的环境来实证评估量化宽松政策对银行贷款的影响效果（即量化宽松政策的银行流动性渠道）。需要指出的是，这种流动性渠道从广义上讲属于货币政策传导的信贷渠道。

我们首先描述了随着量化宽松政策的实施，银行业超额准备金的积累。从数据中可以看出，三轮量化宽松政策大幅增加了美国银行业的整体超额准备金，这与整个时期M1和M2的平稳增长形成鲜

① 伯南克等（1999）将信贷市场效应纳入动态新凯恩斯（DNK）模型，发现信贷市场摩擦放大并传播了对经济的冲击。受到伯南克等（1999）的启发，在最近的一些研究中，也将金融加速器或金融部门加入动态随机一般均衡（DSGE）模型中（Boivin et al.，2010；Gilchrist et al.，2009；Brunnermeier and Sannikov，2014）。

② 福利和尼利（Fawley and Neely，2013）描述了四家央行在不同时间点实施量化宽松政策的时间线和主要特征，包括美联储、欧洲央行（ECB）、英格兰银行（BOE）和日本银行（BOJ）。

明对比。过去，银行资产负债表上持有的所有准备金只是为了满足准备金的要求，使得这些准备金实际上无法用于增加信贷。在量化宽松政策实施期间，银行持有的大量超额准备金增强了银行对经济形势变化的迅速反应能力。我们的目标是通过研究分析银行持有的流动性的变化，更好地理解量化宽松政策下银行贷款的变化。在量化宽松政策期间，银行是否会因流动性注入而改变其贷款行为？三轮量化宽松政策对促进银行贷款的效果是否相同？不同流动性水平的银行在对量化宽松政策的反应上是否存在异质性？这些都是我们想要着重研究的问题。

在研究中，我们通过流动性渠道提供了量化宽松政策对银行贷款影响的直接证据。我们实证检验了不同轮次量化宽松政策实施期间银行贷款增长对流动性注入的反应变化。我们的实证模型包括银行固定效应，其中流动性水平的内生性通过一个与贷款周期性正交的残差项作为工具变量来解决。通过观察不同量化宽松政策时期银行贷款对流动性的敏感系数的变化，我们的实证结果显示，在危机后时期，相比流动性受限的银行，持有较高现金与储备水平（尤其是超额储备）的银行的信贷对大规模资产购买计划的反应更强烈。我们发现，在第一轮量化宽松政策（即 QE1）实施期间，量化宽松政策的流动性渠道对银行贷款的影响普遍较小。此外，流动性渠道对工商业贷款（C&I 贷款）和房地产贷款的影响几乎同样显著。同时，我们使用 DealScan 数据库中的银团贷款数据控制了贷款需求方因素，以及使用银行对不同住房市场的风险暴露与 HMDA 数据构建了不同的流动性约束指标作为实证分析的稳健性检验。我们识别的机制意味着正向的流动性冲击对于流动性受限的银行来说影响较小，因为它往往会增加银行持有多余流动性而不增加贷款的意愿。稳健性检验的结果表明，我们研究的量化宽松政策的流动性渠道与文献中记载的净值或净资产渠道和资本监管要求约束有所不同（Joyce and Spaltro, 2014；Rodnyansky and Darmouni, 2017；Chakraborty et al.，2020）。

非传统货币冲击对银行贷款的影响是一个重要问题，但实证上仍未得到充分探讨。值得注意的既有研究包括罗丹斯基和达尔穆尼（Rodnyansky and Darmouni，2017）以及查克拉博蒂等（Chakraborty et al.，2020）的研究，他们强调了量化宽松政策的净值渠道，该渠道关注银行资产负债表中持有的住房抵押贷款支持证券价值的变化。我们所研究的流动性渠道与净值渠道有以下几个方面的不同。首先，净值渠道强调的量化宽松政策的主要特征是美联储购买 MBS 和国债，而我们特别关注的是量化宽松政策带来的银行层面流动性水平的增加。因此，两个渠道中，被认为受量化宽松政策影响最大的银行群体是不同的。对于净值渠道而言，在量化宽松政策实施之前持有较高水平住房抵押贷款支持证券或国债的银行被认定为受影响最大的银行。我们关注银行的整体流动性水平，比较高储备金持有者与低储备金持有者的贷款增长情况。其次，我们的实证模型也不同。关于净值渠道的文献主要关注高住房抵押贷款支持证券持有银行与低住房抵押贷款支持证券持有银行在量化宽松政策与非量化宽松政策时期的贷款或贷款增长的变化。我们采用货币政策信贷渠道文献中的传统框架，检验量化宽松政策与非量化宽松政策时期，银行贷款增长对其持有的流动性的敏感性的变化。最后，与净值渠道相比，由于覆盖处理组银行的范围不同，流动性渠道可以看作量化宽松政策的一个更普遍的渠道。危机前只有有限的一级交易商持有大量的住房抵押贷款支持证券，而量化宽松政策时期则有更多的银行在囤积高流动性资产。因此，我们的实证结果在量化宽松政策的意义和经济影响方面有别于研究净值渠道的文献。

我们的研究与以下几支文献相关。首先，我们研究的问题与非传统货币政策的传导有关。大量的宏观经济学文献对非传统货币政策进行了研究。[①] 除了宏观经济学的理论文献外，另一支文献则关注不同货币政策影响下微观主体（如企业和银行）的反应（Ashcraft and Campello，2007；Campello，2002；Kashyap and Stein，1995，2000）。在现有的关于量化宽松政策传导的文献中，大致将央行非传统货币政策的影响分为以下两个渠道：（1）资产价格渠道；（2）信贷渠道。在研究这两个渠道的文献中，都有不同的侧重点。[②]

我们首先回顾量化宽松政策的“资产价格渠道”文献。央行大规模的资产购买可以通过投资组合再平衡渠道或久期风险渠道来影响不同资产的市场价格（Vayanos and Vila，2009）。当美联储购买长期国债或住房抵押贷款支持证券，并用期限较短、风险较低的储备资产取代这些资产时，私营部门的投资者拥有的短期证券会超过他们愿意持有的水平。因此，投资持有短期证券的意愿将会下降。同

---

① 例如，在斯梅茨和武泰（Smets and Wouters，2007）的研究中，中央银行和金融中介机构已经被加入分析常规货币政策的标准宏观经济框架中。库尔迪亚和伍德福德（Curdia and Woodford，2011）扩展了标准的动态新凯恩斯模型，分析了非传统货币政策和中央银行资产负债表在一般均衡决定机制中的作用。盖特勒和考拉迪（Gertler and Karadi，2011）采用了一个有金融中介的定量货币动态随机一般均衡模型。他们考察了扩大中央银行资产负债表以应对金融危机的效果，发现在金融危机期间，这一政策可以带来巨大的福利收益。在此框架下，盖特勒和奇拉迪（2013）在理论宏观经济模型中引入大规模资产购买计划作为一种货币政策工具，分析了不同量化宽松政策的效果。他们的结果表明，量化宽松政策的效果很大程度上取决于零利率下限是否具有约束力。乔依斯等（Joyce et al.，2012）也介绍了量化宽松政策计划可能发挥作用的不同渠道，并分析了这种政策的宏观经济效应。

② 克里希那穆提和维辛－约尔根森（Krishnamurthy and Vissing-Jorgensen，2011）对量化宽松政策的可能传导渠道进行了全面的回顾。

时，市场上长期证券的价格将会提高，从而降低这些资产的收益率（Gagnon et al.，2011；Hancock and Passmore，2011）。[①] 此外，这种资产购买计划将向市场参与者发出未来政策走向的信号（Eggertsson and Woodford，2003）。这种信号传递渠道意味着投资者将有一种预期，即中央银行在进行LSAP时，会将名义利率长期保持在较低的水平。实证研究也证实，央行的大规模资产购买公告传递了未来政策利率走势的信息，从而降低了投资者对长期利率的预期（Bauer and Rudebusch，2014；Christensen and Rudebusch，2012）。最后，由于预期央行将在市场形势低迷时充当持续的买家，量化宽松政策可能会提高流动性较强资产的收益率（Krishnamurthy and Vissing-Jorgensen，2011）。然而，汉考克和帕斯莫尔（Hancock and Passmore，2014）也指出，如果市场参与者对美联储未来参与市场干预的情况不确定，当美联储从私营部门购买证券时，预期的流动性可能会减少。

在量化宽松政策的“信贷渠道”文献中，主要有两类研究。第一支文献关注量化宽松政策的净值渠道[②]（Rodnyansky and Darmouni，2017；Chakraborty et al.，2020）。当美联储购买住房抵押贷款支持证券或国债时，这些资产的价值往往会增加。对于持有大量此类资产的金融机构来说，随着资产负债表上这些资产的价值按市场价格作出调整，其净资产的市场价值会有所提高。罗德尼亚斯基和达尔穆尼（Rodnyansky and Darmouni，2017）采用双重差分法，其中处理组

---

① 这个理论的基本假设来自选择停留理论（Modigliani and Sutch，1966）。该理论表明，不同期限的证券并不是完美的替代品，因为投资者总是偏好特定期限的证券。

② 货币政策传导的净值渠道在早期一些关于金融加速器的文献中也有记载，如伯南克和盖特勒（1989）以及清泷和穆尔（Kiyotaki and Moore，1997）的研究。

的银行是指在量化宽松政策期之前拥有相对较多住房抵押贷款支持证券或国债的银行，发现处理组的银行会因美联储的资产购买计划而增加贷款。他们研究发现，在第一轮量化宽松政策和第三轮量化宽松政策期间，当 LSAP 计划主要集中在住房抵押贷款支持证券上时，对信贷增加的效果更加明显，因此该研究结果与净值渠道假说一致。我们的研究与罗德尼亚斯基和达尔穆尼（2017）以及查克拉博蒂等（Chakraborty et al.，2020）的研究不同，但又与其互补。我们关注的是量化宽松政策的流动性渠道，它与净值渠道不同但并不相互排斥。流动性渠道是货币政策传导的银行贷款渠道这一更广泛的文献的一部分，它强调了银行贷款所发挥的独特作用。当中央银行从商业银行购买流动性较差的证券，并用流动性较强的准备金替代时，就会改善银行的流动性状况，从而形成银行增加贷款的动力。我们的研究结果表明，在考虑净值渠道对银行贷款的影响时，流动性渠道仍然有效。

最近也有一些关于量化宽松政策的非预期后果的研究。使用详细的微观层面数据，坎德拉克和施卢舍（Kandrac and Schlusche，2018）发现，银行在量化宽松政策期间增加了风险承担水平，因为他们观察到某些类型的高风险贷款增速提高。迪马吉奥等（Di Maggio et al.，2020）利用住房抵押贷款数据的样本，研究了量化宽松政策的再融资渠道。他们的研究发现，在量化宽松政策期间，当利率相对较低时，住房贷款的再融资活动显著增加。阿查里雅等（Acharya et al.，2019）记录了欧洲央行施行非传统货币政策期间银行的低效贷款行为（即所谓“僵尸贷款”）。他们的实证结果表明，这种货币政策对实体经济没有帮助，也没有促进经济增长，因为企业将大部分银行贷款转为现金储备，而不是实际投资。

3.2 量化宽松政策下的银行贷款模型

在现有的文献中，对银行信贷行为的决定因素进行了广泛研究（Poole，1968；Modigliani et al.，1970；Frost，1971；Baltensperger，1972，1974，1980；Baltensperger et al.，1972；Baltensperger and Milde，1976；Santomero，1984）。一些文献集中研究了货币政策和资本监管政策对传统银行贷款行为的影响。沙米和科西马诺（2010）研究了《巴塞尔协议Ⅰ》资本监管要求对银行行为的影响，认为资本监管要求已经取代准备金要求成为影响银行贷款行为的主要约束条件。奇基诺（2005）扩展了沙米-科西马诺模型（2001年工作论文中的版本），分析了《巴塞尔协议Ⅱ》监管框架下资本约束对银行贷款的影响。国际货币基金组织的一系列工作文件也研究了货币政策对银行风险承担的影响。戴尔阿里西亚等（Dell'Ariccia et al.，2010）和戴尔阿里西亚等（2013）在理论和实证上都发现，宽松的货币政策会提高银行的风险承担程度，但这种影响对于资本充足率较低的银行来说不太显著。他们的研究结果意味着，货币政策对银行风险承担的影响在不同国家和政策环境下可能有所不同，并且取决于当地银行业的总体经营状况。

为了更好地研究量化宽松政策对银行贷款渠道的影响，我们可以建立一个简单的刻画银行行为的优化模型，该模型借鉴了银行业的产业组织方法（Freixas and Rochet，1997）。在这个模型中，我们考虑了C型和NC型两类银行的优化问题。C型银行是指有流动性约束的银行，而NC型银行则指没有流动性约束的银行。对于

C 型银行，其流动性约束是存在约束力的，即其持有的流动资产只够支付预期的取款；而 NC 型银行的流动资产足以满足预期的各项流动性需求。假设银行业以垄断竞争为特征，目标函数是一个利润最大化函数。由于我们对政策工具的流动性渠道感兴趣，因此通过简单的流动性冲击（记为 M^{QE}）将量化宽松政策引入这一模型。

我们在模型中可以假设银行的贷款取决于经济状况 α 以及货币政策传导的效率 δ，δ 决定了构成银行贷款的可贷资金部分，衡量了银行的流动性—贷款敏感性。与卡什雅普和斯坦（1995）的研究类似，银行为获得额外的资金（即外部融资）以满足短期的流动性需求以及贷款资金，需要付出较高的成本。银行每成功借出 1 单位的贷款和计提 1 单位的准备金分别按 r^L 和 r^R 赚取利息。由于我们模型的目的是模拟量化宽松政策期间不同约束条件下的银行贷款，因此引入了准备金利息支付，以反映美联储自 2008 年 10 月开始支付准备金利息的事实。银行的利润最大化问题受到准备金需求约束、流动性约束和预算约束的制约。对有流动性约束（即 C 型）和流动性充裕（即 NC 型）银行的优化问题分别进行求解。关于两类银行的比较静态分析在下面进行介绍。本章附录中较为详细地介绍了模型的设定和求解。

我们的目标是模拟不同流动性持有水平的银行在面临通过量化宽松政策注入流动性时的贷款反应。更具体地说，我们研究流动性—贷款敏感度 δ^* 如何随着量化宽松政策 M^{QE} 带来的流动性冲击而变化，以及这种关系在两类银行中的差异。对于存在流动性约束的银行和流动性充裕的银行来说，当贷款的预期收益大于流动性不足时需要支付的预期成本时，贷款倾向会随着量化宽松政策的流动性冲击而增加。对于流动性充裕的银行，这种敏感性为正值。与存在流动性约束的银行不同，流动性过剩的银行不会利用量化宽松带来的额外流动性来弥补其流动性不足。因此，流动性充裕的银行更有可能在政策期增加放贷。我们从模型中得出的可检验的假设是：贷款倾向对量化宽松政策的敏感性对两类银行都是正向的；与流动性充裕的银行相比，流动性受限银行的贷款倾向变化较小。[①]

3.3 银行的存款准备金和流动资金

理论模型预测，通过量化宽松政策注入的流动性可以以超额存款准备金或其他流动性资产的形式存在于银行的资产负债表上，从而会对银行的贷款行为产生影响。我们首先详细描述量化宽松政策实施以来银行部门准备金量和银行层面准备金持有模式的变化。在正式确定我们的实证策略时，我们还将在本节讨论准备金持有以及一般流动性持有对银行贷款的影响。美国银行体系的超额准备金先是从 2008 年第二季度的不足 20 亿美元跃升至第三季度的 200 亿美元以上。到 2008 年底，超额准备金已攀升至 5 310 亿美元，然而到 2014 年第四季度第三轮量化宽松政策结束时，超额准备金继续飙升至 26 650 亿美元。图 3 – 1 描述了 2002 ~ 2017 年期间美国银行体系 M1、M2 和超额准备金的变化情况。从中可以看出，三轮量化宽松政策大幅增加了银行持有的整体超额准备金，而 M1 和 M2 在整个期间以不同的节奏稳步上升。

① 模型的具体设定和推导过程，参见旷等（Kuang et al.，2020）的研究。

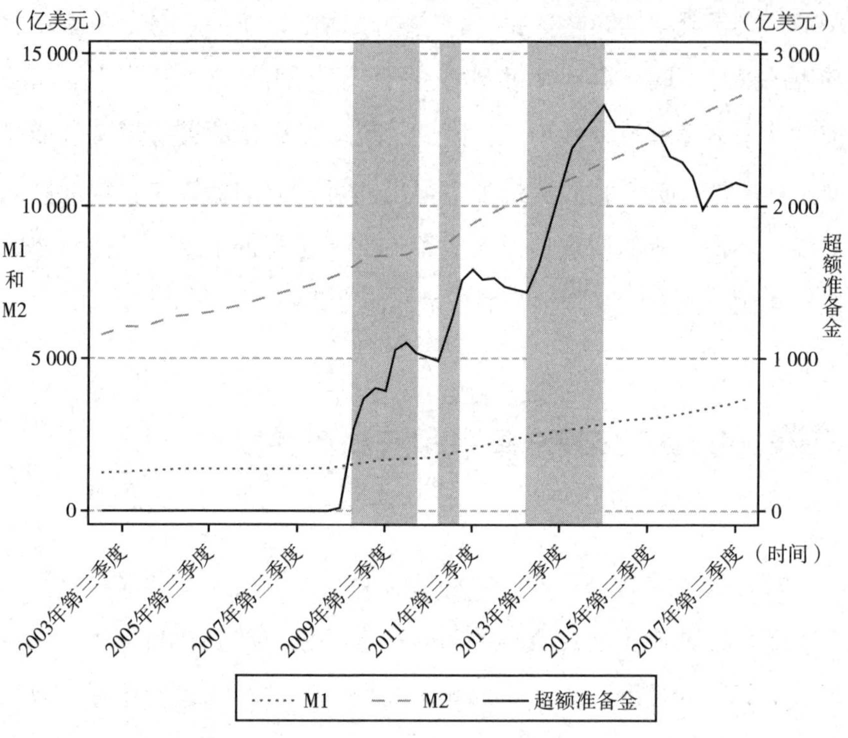

图 3－1　货币供给和商业银行超额准备金

注：M1 和 M2 是货币供给的指标。阴影区域表示从 2008 年第四季度开始的三轮量化宽松。

资料来源：圣路易斯联邦准备银行 FRED 数据库。

3.3.1　美联储的政策行为

由于金融危机引起的流动资金短缺，银行对存款准备金（包括超额准备金）的需求增加。因此，预期银行会更愿意持有更多准备金是很自然的。同时，由于金融危机期间银行投资收益降低、风险增加，银行开始减少通过同业业务获取收益。此外，美联储还通过直接供给流动性以及对银行持有的存款准备金支付利息的方式，提高准备金的总体水平。美联储引入准备金的方式主要有两种（Ennis and Wolman, 2015)。在量化宽松政策推出前，准备金主要通过美联储的贷款引入；量化宽松政策推出后，银行通过参与美联储的 LSAP 大幅提高了准备金水平。这两种引入准备金方式的主要区别在于，美联储通过 LSAP 只与少数一级交易商打交道，而其贷款几乎向系统内的所有商业银行开放。

在 2007～2008 年金融危机之前，美联储不为准备金支付利息。从 2008 年 10 月 9 日起，美联储开始对存款机构的法定准备金余额和超额准备金余额支付利息。因此，银行体系中的准备金数量在短时间内显著增加。同时，准备金利率与联邦基金利率和三个月期国债利率非常相似。鉴于银行对无风险资产的需求，相比于同业拆借业务，银行更偏好持有超额准备金。换句话说，准备金的利息为联邦基金利率设定了下限。如果同业回报率低于或等于准备金利率，金融机构就不愿意在银行间市场将短期资金借出。因此，在金融危机后，银行在资产负债表上持有超额准备金的意愿增加。

3.3.2 银行持有的存款准备金

美联储在金融危机之后采取的行动有效地增加了银行体系内的准备金总量。同时，美联储在量化宽松政策时期推行的政策还涉及另外两类流动性资产，即住房抵押贷款支持证券和国债。如果准备金能够完美替代其他流动性资产，那么银行会在资产负债表中持有准备金，还是用短期低风险证券替代呢？图 3－2 展示了 2003～2017 年样本期间美国银行持有的各类流动性资产——现金与准备金、住房抵押贷款支持证券和国债的时间序列。考虑到银行的准备金持有量可能与其资产规模相关，所有的流动性指标均按银行总资产进行

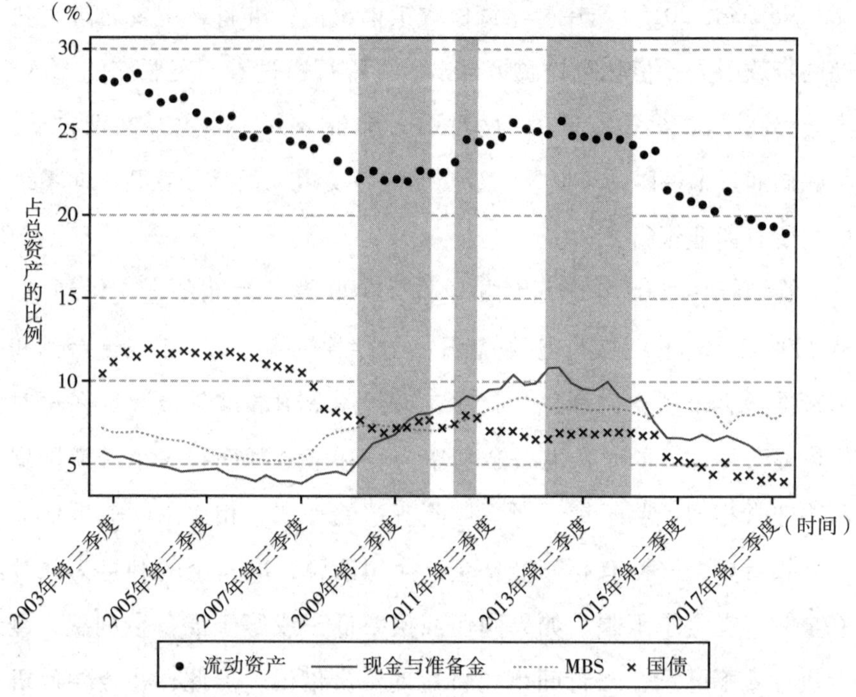

图 3-2 美国商业银行持有的流动资产在量化宽松期间的变化

注：使用与基准回归同样的数据样本，图中绘制了每个变量在每个季度的平均值。阴影区域表示从2008年第四季度开始的三轮量化宽松。流动资产是指尚未出售的联邦基金、根据转售协议购买的证券、持有至到期的证券、可供出售的证券和交易资产，加上持有的现金和准备金。现金与准备金是指现金和同业拆借的应收余额［美国联邦金融机构检查委员会（FFIEC）031/041 表中的 RC-A 部分］。MBS 是指尚未到期的住房抵押贷款支持证券。国债是指政府机构发行的债券，不包括住房抵押贷款支持证券。

资料来源：2002 年第一季度至 2017 年第四季度所有美国商业银行的季度财务报表。

标准化处理。图 3-2 中阴影区域表示不同轮次的量化宽松政策。在量化宽松政策期间，尤其是第一轮量化宽松和第二轮量化宽松期间，现金与准备金比率和整体流动性资产比率都经历了急剧上升。① 相比

① 恩尼斯和乌尔曼（Ennis and Wolman，2015）也发现，在第一轮和第二轮量化宽松政策期间，银行并没有用准备金替代其他流动性资产，而是简单地增加了流动性的整体持有水平。

之下，银行平均持有的住房抵押贷款支持证券和国债占总资产的比例在量化宽松政策期间保持相对稳定。在第一轮量化宽松之前的第一季度，住房抵押贷款支持证券和国债持有量占比均在 7.5% 左右，量化宽松政策期间则在这一水平附近波动。而现金及准备金比例到第三轮量化宽松开始时，已经比实施量化宽松政策前增加了一倍多，从 5% 以下增加到 10% 以上。整体流动资产比率从第一轮量化宽松开始时的 22.5% 左右上升到第三轮量化宽松结束时的 25% 。

我们关注银行的现金和准备金持有量，因为它最直接地受到美联储政策的影响。为了了解准备金的大幅增加是如何在银行间分布的，我们考察银行系统内准备金持有量不同分布位置的变化。图 3 – 3 展示了样本期间银行现金与准备金持有量的时间序列，分别为第 10、25、50、75、90 百分位数。为了了解各银行准备金持有量的分散性，不妨看看第 10 和第 90 百分位数，以及第 25 和第 75 百分位数之间的现金和准备金比率的差距。这种情况与恩尼斯和乌尔曼（2015）研究中讨论的情况相呼应，并与美联储最近宣布购买国债以向市场提供流动性的行为相一致。根据图 3 – 3 我们可以得出一些初步结论。第一，随着量化宽松政策的实施，银行的现金与准备金持有量已经达到了一个新的水平，且政策结束后尚未回到量化宽松政策前的水平。第二，虽然在分布中一直存在较大的差距，但银行的现金和准备金持有量的差距在分布两端明显变大。这表明，虽然整个截面中的银行都经历了现金和准备金比率的增长，但这种增长对准备金持有量较高的银行来说更为显著。换句话说，现金和准备金水平高的银行的增幅最大。处于较高分位数的银行的流动性越来越充裕，而处于分布底部的银行的流动性则仅是略有增加。

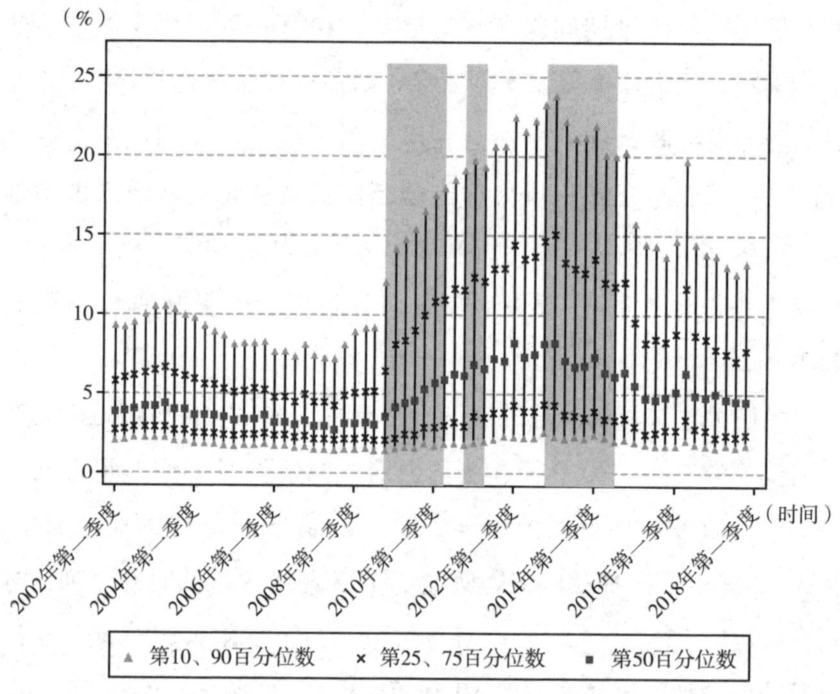

图 3-3 美国商业银行现金和准备金在量化宽松期间的分布

注：数据样本与基准回归中使用的相同。阴影区域表示从 2008 年第四季度开始的三轮量化宽松。现金和准备金是指现金及同业的应收余额（FFIEC 031/041 表中的 RC - A 部分）。

资料来源：2002 年第一季度至 2017 年第四季度所有美国商业银行的季度财务报表。

3.3.3 银行准备金的“可贷性”

我们关注的实证问题仍然是关于银行信贷行为的，即量化宽松政策期间银行准备金的大幅增加对银行的贷款，特别是对那些持有高流动性的银行的贷款意味着什么？在回答这个问题之前，我们必须重新审视银行准备金作为一种流动性形式在银行层面的演变。过去的情况是，银行持有准备金只是为了满足法定准备金要求。在超额准备金率通常为零的时期，情况确实如此。在以往的文献中，如卡什雅普和斯坦（2000）通常将准备金排除在流动资产的计算之外，因为准备金主要反映的是法定的准备金，而法定的准备金在银行资产规模中的比重是相对固定的。然而，在 2008 年世界金融危机后时期，商业银行持有大量超额准备金成为新常态。在美联储政策的影响下，准备金的“可贷性”发生了巨大的变化。在超额准备金大多不存在的时期，银行资产负债表上持有的所有准备金只是为了满足法定准备金的要求，这使得准备金实际上无法用来作为贷款可用资金。然而，在量化宽松时期，银行所持有的大量准备金可以很容易地转化为更高回报的投资资金。

恩尼斯和乌尔曼（2010）认为，在某些条件下，银行持有的超额准备金可能会影响货币政策的有效性。这一思路与卡什雅普和斯坦（1995）的货币传导的银行贷款观点有关。在特定假设下，拥有大量超额准备金的银行体系能够在经济条件发生变化时更迅速地调整贷款。首先，银行不仅倾向于用存款为贷款提供资金，而且扩大存款基础的成本也很高。其次，就借款人而言，银行贷款的替代品很难找到，尤其是在短期内。正如恩尼斯和乌尔曼（2015）所言，准备金持有可以看作银行“存储”存款的一种方式，而这些存款最终可以用来为贷款提供资金。在这些假设下，拥有大量“存储的存款”（即超额准备金）的银行系统比超额准备金水平低的银行系统能更快地调整贷款水平。

诚然，各家银行准备金的增加并不一定会转化为更多的贷款，因为贷款的风险权重远远高于准备金。这意味着，如果银行的资本充足率受到资本监管的约束，那么即使是流动性充裕的银行也没有快速调整贷款的灵活性。我们在后面的稳健性检验中讨论了有关资本监管要求的问题。量化宽松政策期间准备金水平的增加是否足以让银行在不触发资本监管要求约束的情况下增加贷款，仍然是一个值得研究的问题。恩尼斯和乌尔曼（2015）在对新增贷款的风险费用进行调整后，为所有美国联邦存款保险公司（FDIC）保障的银行计算了一个“可贷”准备金的数量。在保持一级资本率充足率高于6%、总资本率充足率高于10%的情况下，银行资产负债表上持有的准备金大部分是“可贷”的。具体来看，2010年第四季度，约96%的准备金可以转化为贷款，而不会促使资本约束成为约束。这也与我们的发现一致，即高流动性银行在高资本充足率和低资本充足率组中，对量化宽松政策的反应几乎一样。

我们认为，银行信贷对经济形势变化作出迅速反应的能力，会随着其持有的流动性水平的提高而提高。准备金和现金资产一样，作为所有资产中流动性最高的资产，将进一步提高银行的这种反应能力。此外，银行体系中的准备金数量可以使银行增加风险敞口（即贷款倾向）。因此，我们假设，在量化宽松政策期间，以高准备金为代表的高流动性资产不仅会增加银行的贷款倾向，而且会增强银行的实际贷款能力。

3.4 实证框架和结果

我们的目标是直接检验不同轮次量化宽松政策期间银行贷款的流动性渠道是否存在，以及其在不同条件下受量化宽松政策影响的程度。鉴于我们的模型预测流动性充裕的银行会比流动性持有量较低的银行具有更高的流动性—贷款敏感性，我们将银行分为流动性较高与较低的组别，并比较两组的结果。基于我们之前的讨论，我们根据银行的现金和准备金比率（占总资产的比例）将银行分为高流动性组与低流动性组。从图3-2中我们也可以看出，在整个量化宽松政策期间，整体流动性水平波动与现金和准备金比率基本一致。所以从数据上看，准备金与其他流动性资产相比，受美联储政策的干预和影响更为直接。在之后的讨论中，我们以银行在房价严重崩盘的市场中的风险敞口作为替代指标进行稳健性检验，构建了流动性约束的替代指标，以区分高流动性银行与低流动性银行，并得出了类似的结果。此外，如图3-3所示，现金和准备金占银行总资产比例的变化在分布上极不均衡，分布右端的银行流动性大幅增加，而左端的银行流动性则小幅增加。因此，我们认为，在非传统货币政策冲击下，对流动性水平较高与较低的银行之间银行贷款变化差异的实证研究是有意义的。

3.4.1 实证方法回顾

本章的实证策略建立在货币政策信贷渠道领域几篇有影响力的文献基础上。卡什雅普和斯坦（1995）根据银行的资产规模进行分组，发现小银行的贷款比大银行的贷款对货币政策更敏感。此外，卡什雅普和斯坦（2000）利用1976~1993年期间美国所有存款保险保障银行的大型面板数据，检验资产负债表健康度（即流动性水平）在银行对货币政策冲击的反应中的作用。他们得出的结论是，贷款对货币政策的敏感性（贷款对流动性的敏感性）对小型银行具有统计学意义，但对有更好的外部资本市场机会的大型银行则不显著。坎佩洛（2002）着眼于小银行与银行控股公司的隶属关系，以美国的观测数据为例，研究了内部资本市场在缓解外部融资约束对投资影响方面的重要性。其研究表明，在货币紧缩的情况下，银行控股公司（BHC）附属银行的贷款供给对自身现金流的敏感性低于对BHC现金流的敏感性。这一结果表明，内部资本市场抑制了货币政策对银行贷款的影响。根据卡什雅普和斯坦（2000）以及坎佩洛（2002）的思路，切托雷利和戈德伯格（2012）检验了银行全球化对货币传导的影响，证明了全球银行内部资本市场对国际货币政策传导机制的影响。他们的实证结论证明，国内流动性冲击可以通过跨国银行的贷款传导到国外市场。以往文献中的基准回归基本采取两步分析的方法。实证策略的第一步是估计多个截面回归（样本期内每个季度一个截面），其中因变量是银行贷款的季度变化，主要的自变量是银行整体资产负债表流动性水平变化的指标。流动性度量的估计系数被用于第二阶段的估计。在第二步中，第一步估计的季度贷款对流动性的回归系数和不同的货币政策指标进行时间序列回归；第二阶段得到的货币政策指标的系数反映了货币政策对银行贷款对流动资产持有的敏感性的影响。

3.4.2 实证策略

两步法有一些缺陷，包括第二阶段参数化过度，以及模型设定缺乏灵活性。此外，两步法只利用了数据中有限的变化（Kashyap and Stein，2000）。为了解决这些问题，我们在基准回归中采用了更标准的方法，在银行固定效应模型中把两个步骤压缩为一个步骤，同时使用普通最小二乘法（OLS）和两阶段最小二乘工具变量方法（2SLS IV）进行估计，具体回归式如下：

$$\Delta\log(Y_{i,t}) = \beta X_{i,t-1} + \sum_{k=1}^{3}\rho_k(QE_{k,t-1}\cdot X_{i,t-1}) + \lambda Controls + \mu_i + \gamma_t + \epsilon_{i,t}$$

其中，$\Delta\log(Y_{i,t})$ 定义为第 t 年银行 i 的贷款总额、工商业贷款总额或房地产贷款总额的增长率（对数的一阶差分）；$X_{i,t-1}$ 衡量银行 i 整体资产负债表流动性水平，定义为银行流动资产占总资产比率的对数；μ_i 是银行固定效应的向量；γ_t 代表年－季度固定效应。值得注意的是，我们对流动资产的定义与以往文献有所不同。流动资产中包含了现金和中央银行准备金，原因有以下两点。首先，从定义上看，银行的流动资产是指那些可以迅速（在需要时）转化为现金以满足流动性需求以及投资需求的资产。根据这个定义，现金和中央银行准备金应该被视为流动资产。其次，以往的文献排除了现金，怀疑现金持有量很大程度上反映了所需的法定准备金持有量（Kashyap and Stein，2000）。考虑到银行在量化宽松期间持有大量超额准备金，在这种情况下，不考虑现金的流动性测算会错误估计银行的流动性水平以及银行业的整体流动性水平。我们感兴趣的变量是回归式右边第二项，即银行 i 的总流动资产比率和三个量化宽松政策指标的交互项。为了解决银行流动性持有水平与贷款周期性相关这一事实所带来的潜在内生性问题，我们还采用 2SLS 方法对工具变量模型进行估计。根据卡什雅普和斯坦（2000）以及切托雷利和戈德伯格（2012）的方法，我们使用流动性比率对工商业贷款比率和不良贷款比率（均为总贷款的百分比）的回归的残差来构建流动性指标的工具变量。另外，我们也可以参考坎佩洛（2002）的做法，使用流动性指标的滞后项来作为其工具变量。出于篇幅的原因，我们在实证结果部分不报告使用这种滞后项工具变量得出的结果。在使用不同工具时，我们的实证结果仍然相同。由于模型中包含了量化宽松政策指标和内生流动性指标的交互项，所以所有的交互项也是由量化宽松政策指标和工具变量的乘积来作为工具变量。银行的净收入、负债资产比（即杠杆率）、资产规模和不良贷款率作为银行层面的控制因素被纳入回归。现有文献已经证明，小银行的贷款在受到货币政策冲击时更为敏感。杠杆率较高的银行在经济低迷时期受到的影响更大。银行的资本充足程度受到其不良贷款和净收入的影响。加入银行固定效应是为了控制任何与银行贷款行为相关的、不随时间变化的银行层面特征。例如，伯杰和罗曼（Berger and Roman，2015）发现，与非问题资产救助计划（TARP）受益者相比，作为TARP受益者的银行享有竞争优势，获得了更大的市场份额。然而，银行固定效应的加入表明，我们模型中识别的差异不是来自不同银行（如TARP受益者与非受益者），而是来自不同季度的银行内部。为了消除任何可能在每个季度对所有银行贷款决策产生类似影响的宏观经济因素，我们还在回归中包含了季度固定效应。

为了区分流动性相对较紧张的银行和流动性较不紧张的银行，我们用估计期内每个季度银行现金与准备金持有量的中位数将估计样本分为两组，并比较子样本估计结果的差异。为了检验结果的稳健性，我们还对流动性受限和流动性充裕的银行的定义进行了修改，采用现金和储备金持有量低于第25百分位数以及现金和储备金持有量高于第75百分位数作为分组标准。我们的实证结果仍然与按中位数分组的回归相似。另外，我们尝试以银行持有的总流动资产占比作为分组标准，而不是以现金和准备金持有量作为分组标准，也得到了类似的结果。出于篇幅考虑，我们在后文中并没有报告这些回归的结果。

3.4.3 数据和样本

我们从美国联邦存款保险公司发布的《状况与收入综合报告》(Call Report) 中获得季度层面的银行或银行控股公司的资产负债表数据。由于会计方法的变化，我们的样本只包括2002年以后的观测值。具体而言，样本覆盖2002年第一季度到2017年第四季度期间共计471 071个银行×季度观测点。我们剔除了报告期内总资产或权益小于等于零的银行观测值。为了消除并购（M&A）对我们关键变量的影响，如果满足以下条件之一，我们将从样本中剔除观测值：(1) 总资产的季度增长大于50%；(2) 总贷款的季度增长大于100%；(3) 贷款资产比小于10%。除不包括并购的银行样本外，我们还按照卡什雅普和斯坦（2000）、坎佩洛（2002）以及切托雷利和戈德伯格（2012）描述的过程筛选我们的样本。所用变量的详细描述见本章附录。所有银行层面的财务数据都以其分布的第1和第99百分位数进行了缩尾处理，以限制异常值对实证结果的潜在影响。联邦储备银行资产负债表的其他数据来自联邦储备系统理事会（Federal Reserve Board）网站，数据从圣路易斯联邦储备银行的FRED数据库中获得。我们还从纽约联邦储备银行收集了机构住房抵押贷款支持证券和美国国库证券的每日交易数据。在稳健性检验部分，我们还加入了DealScan数据库中的银团贷款数据，以及《住房抵押贷款披露法案》（HMDA）公开的住房抵押贷款发放数据。

表3-1提供了样本中所有银行资产负债表的基本统计数据，以及按照现金和准备金持有量的不同进行的银行分组（即高流动性银

行和低流动性银行）统计数据。一般来说，平均持有流动性相对较高资产的银行，其规模略小。虽然高流动性银行持有的国债略多，但其持有的住房抵押贷款支持证券（按占总资产的比例）却比低流动性银行少得多。在贷款增长方面，在整个样本期内，房地产贷款的平均增速往往远高于工商贷款。在资本化方面，所有分组的权益资产比（即1－杠杆率）平均高于10%。

表3－2分别展示了2007～2008年金融危机前后两个时间段美国银行资产负债表细节。美国实施量化宽松政策后，高流动性和低流动性水平的银行都增加了现金和准备金持有量。其中，现金定义为FFIEC 031/041表中RC－A部分现金和存款机构应收款项的所有项目之和。2007年之后，我们没有看到流动性资产总量明显的增加趋势。由于大规模资产购买计划以及美联储通过公开市场操作购买的证券的估值发生变化，量化宽松政策期间银行持有的住房抵押贷款支持证券的价值也存在一定程度的增加。同时，高流动性银行和低流动性银行在危机后都减少了国债持有量。此外，我们没有看到危机后两类银行的资本状况有明显变化。这可能部分是由于《巴塞尔协议Ⅲ》资本标准的实施，以及其每年的压力测试和资本规划过程。此外，在危机后，即使实施了量化宽松政策，两类银行和所有类型的贷款（即贷款总额、工商贷款和房地产贷款）的平均贷款增速也大大降低。这证实了危机后美国整体经济环境的重大变化。事实上，危机后无论是高流动性银行还是低流动性银行的不良贷款率（NPL）都要高得多，而净收入也低了很多。危机后平均贷款增速保持在较低水平的事实也意味着，除了文献中记载的整体贷款外，量化宽松政策是否改变了银行贷款对流动性的敏感性也是一个值得研究的问题。

表3－1　　美国银行资产负债表信息

项目	所有银行				高流动性银行				低流动性银行			
	均值	p（25）	p（50）	p（75）	均值	p（25）	p（50）	p（75）	均值	p（25）	p（50）	p（75）
现金（占总资产的比例）	6.636	2.672	4.325	7.904	10.369	5.163	7.895	12.696	2.918	1.983	2.675	3.531
流动资产（占总资产的比例）	31.480	19.807	28.818	40.919	33.939	22.209	31.418	43.474	29.031	17.657	26.258	38.050
MBS（占总资产的比例）	7.179	0.133	3.890	10.751	5.893	0.009	2.571	8.957	8.471	0.616	5.361	12.420
国债（占总资产的比例）	8.756	1.590	5.527	12.349	9.387	1.802	6.159	13.434	8.249	1.491	5.107	11.405
贷款增长（对数差分）	0.015	-0.012	0.011	0.038	0.011	-0.017	0.008	0.036	0.020	-0.007	0.014	0.040
工商贷款增长（对数差分）	0.007	-0.049	0.005	0.068	0.002	-0.055	0.001	0.066	0.012	-0.042	0.009	0.070
住房贷款增长（对数差分）	0.015	-0.014	0.011	0.041	0.011	-0.019	0.007	0.040	0.019	-0.010	0.013	0.042
总资产（对数）	18.942	18.040	18.797	19.684	18.688	17.796	18.540	19.411	19.207	18.307	19.052	19.930
不良贷款率（%）	1.049	0.159	0.532	1.249	1.101	0.135	0.519	1.287	1.012	0.185	0.551	1.230
杠杆率（%）	89.062	87.893	89.908	91.336	88.981	87.721	89.850	91.358	89.182	88.064	90.006	91.354
净利润（占总资产的比例）	0.520	0.220	0.483	0.845	0.480	0.196	0.458	0.825	0.562	0.245	0.513	0.871
总观测值	400 255				194 705				195 506			

注：经过基本处理后，与基准回归中使用相同的样本。如果一家银行在一个季度的流动资产（包括现金和存款机构应收余额）与总资产的比率高于（低于）中位数，则该银行被定义为高（低）流动性银行。变量的详细说明请见本章附录。

资料来源：FFIEC 2002 年第一季度至 2017 年第四季度所有美国商业银行的季度报告。

表 3 – 2　　分样本的美国银行资产负债表信息

项目	高流动性银行								低流动性银行							
	金融危机前：2002 ~ 2006 年				金融危机后：2007 ~ 2017 年				金融危机前：2002 ~ 2006 年				金融危机后：2007 ~ 2017 年			
	均值	p（25）	p（50）	p（75）	均值	p（25）	p（50）	p（75）	均值	p（25）	p（50）	p（75）	均值	p（25）	p（50）	p（75）
现金（占总资产的比例）	7. 317	4. 460	5. 597	7. 956	12. 264	6. 668	9. 912	15. 248	2. 553	2. 022	2. 591	3. 116	3. 140	1. 955	2. 755	4. 155
流动资产（占总资产的比例）	34. 155	22. 766	31. 859	43. 643	33. 805	21. 895	31. 140	43. 364	29. 605	18. 338	27. 116	38. 817	28. 684	17. 260	26. 007	37. 496
MBS（占总资产的比例）	5. 567	0. 007	2. 110	8. 318	6. 095	0. 009	2. 876	9. 337	7. 284	0. 217	3. 811	10. 751	9. 190	1. 077	6. 371	13. 337
国债（占总资产的比例）	11. 888	3. 530	8. 872	16. 862	7. 835	1. 092	4. 679	11. 087	10. 657	3. 001	7. 505	14. 800	6. 791	0. 940	3. 895	9. 209
贷款增长（对数差分）	0. 019	−0. 010	0. 016	0. 045	0. 006	−0. 021	0. 003	0. 030	0. 027	−0. 002	0. 022	0. 049	0. 015	−0. 010	0. 010	0. 034
工商贷款增长（对数差分）	0. 010	−0. 048	0. 010	0. 076	−0. 003	−0. 059	−0. 002	0. 059	0. 017	−0. 039	0. 017	0. 080	0. 008	−0. 044	0. 005	0. 064
住房贷款增长（对数差分）	0. 026	−0. 010	0. 018	0. 053	0. 002	−0. 024	0. 002	0. 031	0. 031	−0. 002	0. 023	0. 054	0. 011	−0. 013	0. 008	0. 034
总资产（对数）	18. 411	17. 573	18. 262	19. 041	18. 859	17. 965	18. 726	19. 618	18. 898	18. 065	18. 747	19. 574	19. 395	18. 477	19. 242	20. 119
不良贷款率（%）	0. 625	0. 085	0. 341	0. 830	1. 397	0. 191	0. 694	1. 685	0. 592	0. 102	0. 338	0. 773	1. 267	0. 276	0. 740	1. 555
杠杆率（%）	89. 127	87. 865	90. 116	91. 593	88. 891	87. 648	89. 704	91. 191	89. 423	88. 316	90. 461	91. 738	89. 037	87. 985	89. 775	91. 083
净利润（占总资产的比例）	0. 676	0. 317	0. 608	0. 974	0. 358	0. 131	0. 366	0. 711	0. 703	0. 339	0. 632	0. 989	0. 477	0. 197	0. 442	0. 785
总观测值	74 581				120 124				73 717				121 789			

注：经过基本处理后，与基准回归中使用相同的样本。如果一家银行在一个季度的流动资产（包括现金和存款机构应收余额）与总资产的比率高于（低于）中位数，则该银行被定义为高（低）流动性银行。变量的详细说明请见本章附录。

资料来源：FFIEC 2002 年第一季度至 2017 年第四季度所有美国商业银行的季度报告。

3.4.4 实证结果

表 3-3 列出了利用 OLS 和 2SLS 进行估计的回归结果。其中，第（1）列至第（6）列显示了采用不同估计方法的全样本（2003～2017 年）的结果；第（7）列至第（12）列是使用危机后样本（2007～2017 年）的结果，我们认为这个子样本是更适合检验量化宽松政策有效性的时期。总体而言，我们发现采用不同的估计方法和在不同的样本期，三轮量化宽松政策都能有效改变贷款—流动性敏感程度。此外，我们发现，与低流动性银行相比，高流动性银行对量化宽松政策期间的流动性注入反应更大［如第（5）列与第（6）列、第（11）列与第（12）列］。对于全样本期间的一般银行而言，与非量化宽松政策期间相比，同样 1% 的流动性比率变化，在第一轮量化宽松期间［第（4）列］，贷款增速提高了 0.007%。对于现金和准备金持有水平较高的银行，与现金和准备金持有水平较低的银行相比，银行在三轮量化宽松政策期间的贷款对流动性的敏感性均有更大的提高。对于高流动性银行而言，给定流动性资产比例增加 1%，与非量化宽松政策时期相比，三轮量化宽松政策期间相关的贷款增长额外变化分别约为 0.009%、0.015% 和 0.012%［第（5）列］。我们没有发现第二轮量化宽松的低现金和准备金持有组的显著结果［第（6）列］。2007 年后子样本的结果与之前类似［第（7）列至第（12）列］。

为了量化结果的经济意义，我们讨论了分位数范围内（IQR）的变化。遵循坎佩洛和吉安博纳（Campello and Giambona，2013）的方法，我们对流动性贷款敏感系数进行标准化分析。具体而言，我们计算贷款增长相对于其样本均值的百分比变化，即主要回归因子（流动资产比率的对数）从第25到第75百分位数的增加（一个四分位数区间的变化）。对于现金和准备金持有水平较高的银行［表3-3第（11）列］，危机后时期流动资产对数比率发生1个IQR变化，就会导致量化宽松政策时期贷款增速较非量化宽松政策时期增长0.008[(3.792-3.131)×0.0117]或0.8%，约为2007年后样本贷款平均增速0.6%的1.3倍。

在表3-4中，我们进行了与基准回归类似的检验，但用两个能反映美联储大规模资产购买计划规模的连续变量替代量化宽松政策的虚拟变量。为简洁起见，我们只报告使用危机后时期样本（2007~2017年）的结果，并且在本章其余部分只报告使用2SLS方法估计的结果。全样本回归的结果与危机后样本高度相似。第一个衡量指标是利用央行购买机构住房抵押贷款支持证券和国债的实际净购买金额构建的。我们重点研究净购买金额与流动性比率之间的交互作用。结果报告在表3-4第（1）列至第（3）列中。与基准回归的结果类似，与现金和准备金持有量较低的银行相比，现金和准备金持有量较高的银行对美联储的资产购买在信贷水平上的反应更显著。第二个衡量指标是美联储资产负债表的规模，估计结果列示在表3-4第（4）列至第（6）列中。在量化宽松政策期间，考虑到美联储资产负债表的扩张，相比流动性较低的同类银行，流动性较高的银行表现出较高的贷款对流动性的敏感性。

此外，我们还关注不同类型的贷款，即房地产贷款和工商贷款，结果汇报于表3-5。我们没有发现量化宽松政策通过流动性渠道对银行的工商贷款和房地产贷款产生不同的影响。对于这两类贷款，我们发现，在量化宽松政策期间，现金和准备金持有水平较高的银

表 3－3　　量化宽松传导的银行流动性渠道

项目	全样本：2002～2017 年						金融危机后样本：2007～2017 年					
	OLS			IV＝流动性回归残差项			OLS			IV＝流动性回残差项		
	所有银行	高流动性	低流动性	所有银行	高流动性	低流动性	所有银行	高流动性	低流动性	所有银行	高流动性	低流动性
	(1)	(2)	(3)	(4)	(5)	(6)	(7)	(8)	(9)	(10)	(11)	(12)
ln*Liquidity*	0.0152 *** (0.0009)	0.0270 *** (0.0013)	0.0166 *** (0.0012)	0.0211 *** (0.0011)	0.0340 *** (0.0016)	0.0218 *** (0.0014)	0.0182 *** (0.0011)	0.0312 *** (0.0015)	0.0214 *** (0.0017)	0.0288 *** (0.0013)	0.0434 *** (0.0019)	0.0314 *** (0.0019)
ln*Liquidity* × QE1	0.0049 *** (0.0007)	0.0058 *** (0.0011)	0.0022 ** (0.0009)	0.0071 *** (0.0008)	0.0086 *** (0.0012)	0.0038 *** (0.0010)	0.0021 *** (0.0007)	0.0037 *** (0.0011)	0.0002 (0.0009)	0.0027 *** (0.0008)	0.0033 *** (0.0012)	0.0010 (0.0011)
ln*Liquidity* × QE2	0.0036 *** (0.0010)	0.0106 *** (0.0016)	−0.0021 * (0.0012)	0.0075 *** (0.0011)	0.0151 *** (0.0018)	0.0003 (0.0014)	0.0032 *** (0.0010)	0.0090 *** (0.0016)	−0.0014 (0.0013)	0.0061 *** (0.0011)	0.0117 *** (0.0018)	0.0004 (0.0014)
ln*Liquidity* × QE3	0.0069 *** (0.0007)	0.0108 *** (0.0012)	0.0040 *** (0.0009)	0.0079 *** (0.0008)	0.0120 *** (0.0014)	0.0043 *** (0.0010)	0.0078 *** (0.0007)	0.0104 *** (0.0012)	0.0056 *** (0.0009)	0.0082 *** (0.0008)	0.0106 *** (0.0014)	0.0054 *** (0.0011)
ln*Assets*	−0.0169 *** (0.0012)	−0.0129 *** (0.0018)	−0.0275 *** (0.0015)	−0.0161 *** (0.0012)	−0.0122 *** (0.0018)	−0.0268 *** (0.0015)	−0.0115 *** (0.0016)	−0.0057 ** (0.0024)	−0.0241 *** (0.0020)	−0.0102 *** (0.0016)	−0.0047 ** (0.0023)	−0.0230 *** (0.0020)
NPL	−0.0089 *** (0.0002)	−0.0082 *** (0.0002)	−0.0090 *** (0.0003)	−0.0087 *** (0.0002)	−0.0080 *** (0.0002)	−0.0089 *** (0.0003)	−0.0074 *** (0.0002)	−0.0068 *** (0.0002)	−0.0073 *** (0.0003)	−0.0073 *** (0.0002)	−0.0067 *** (0.0003)	−0.0072 *** (0.0003)
Leverage	−0.0032 *** (0.0002)	−0.0036 *** (0.0002)	−0.0030 *** (0.0003)	−0.0033 *** (0.0002)	−0.0037 *** (0.0002)	−0.0030 *** (0.0003)	−0.0038 *** (0.0002)	−0.0041 *** (0.0003)	−0.0039 *** (0.0003)	−0.0039 *** (0.0002)	−0.0041 *** (0.0003)	−0.0040 *** (0.0003)
Net Income	−0.0042 *** (0.0005)	−0.0038 *** (0.0006)	−0.0055 *** (0.0007)	−0.0040 *** (0.0005)	−0.0035 *** (0.0006)	−0.0053 *** (0.0007)	−0.0031 *** (0.0005)	−0.0036 *** (0.0006)	−0.0034 *** (0.0008)	−0.0027 *** (0.0005)	−0.0031 *** (0.0006)	−0.0031 *** (0.0007)
观测值	401 031	194 713	195 502	400 172	194 251	195 124	252 704	120 084	121 766	251 869	119 637	121 397
银行固定效应	YES	YES	YES	YES	YES	YES	YES	YES	YES	YES	YES	YES
年－季度固定效应	YES	YES	YES	YES	YES	YES	YES	YES	YES	YES	YES	YES
调整 R^2	0.213	0.220	0.257	0.121	0.0964	0.109	0.223	0.237	0.266	0.106	0.0747	0.0893

注：因变量为贷款总额对数的一阶差分（Δln*Loan*）。主要自变量为滞后流动资产比率对数与 QE 指标之间的交互项。现金和储备金的持有量包含在总流动资产中。QE1 为 2008 年第四季度至 2010 年第二季度，QE2 为 2010 年季四季度至 2011 年第二季度，QE3 为 2012 年第四季度至 2014 年第三季度。如果一家银行在每个季度的流动资产（包括现金和存款机构应收账款余额）与总资产的比率高于（低于）中位数，则该银行被定义为高流动性（低流动性）银行。控制变量包括总资产规模（ln*Assets*）、不良贷款率（*NPL*）、杠杆率（*Leverage*）、净利润率（*Net Income*）。IV 结果采用 2SLS 估计，工具变量为一个与贷款周期性正交的残差。银行层面控制变量的定义见本章附录。稳健的标准误差在银行层面进行了聚类。括号内为标准误差。***、** 和 * 分别表示在 1%、5% 和 10%（双尾）检验水平上具有统计学意义。

资料来源：2002 年第一季度至 2017 年第四季度美国所有商业银行的季度 FFEIC 031/041 报告。

表 3-4　　量化宽松传导的流动性渠道：美联储购买资产和资产负债表规模

项目	被解释变量 = ΔlnLoan					
	所有银行	高流动性	低流动性	所有银行	高流动性	低流动性
	(1)	(2)	(3)	(4)	(5)	(6)
ln*Liquidity*	0.0244 *** (0.0014)	0.0367 *** (0.0020)	0.0295 *** (0.0021)	-0.0920 *** (0.0108)	-0.1271 *** (0.0169)	-0.0571 *** (0.0163)
ln*Liquidity* × *FedPurchase*	0.0008 *** (0.0001)	0.0011 *** (0.0001)	0.0004 *** (0.0001)			
ln*Liquidity* × *FedBalanceSheet*				0.0084 *** (0.0007)	0.0119 *** (0.0011)	0.0061 *** (0.0011)
ln*Assets*	-0.0102 *** (0.0016)	-0.0046 ** (0.0023)	-0.0231 *** (0.0020)	-0.0095 *** (0.0016)	-0.0039 * (0.0023)	-0.0224 *** (0.0020)
NPL	-0.0072 *** (0.0002)	-0.0066 *** (0.0003)	-0.0072 *** (0.0003)	-0.0071 *** (0.0002)	-0.0066 *** (0.0003)	-0.0071 *** (0.0003)
Leverage	-0.0039 *** (0.0002)	-0.0041 *** (0.0003)	-0.0040 *** (0.0003)	-0.0039 *** (0.0002)	-0.0042 *** (0.0003)	-0.0040 *** (0.0003)
Net Income	-0.0028 *** (0.0005)	-0.0032 *** (0.0006)	-0.0032 *** (0.0007)	-0.0027 *** (0.0005)	-0.0032 *** (0.0006)	-0.0032 *** (0.0007)
观测值	251 869	119 637	121 397	251 869	119 637	121 397
银行数量	8 600	7 456	7 181	8 600	7 456	7 181
银行固定效应	YES	YES	YES	YES	YES	YES
年-季度固定效应	YES	YES	YES	YES	YES	YES
调整 R^2	0.106	0.0751	0.0889	0.107	0.0757	0.0899

注：因变量为贷款总额对数的一阶差分（ΔlnLoan）。主要自变量为滞后流动资产比率对数与衡量量化宽松规模指标之间的交互项。*FedPurchase* 代表每季度美联储购买机构住房抵押贷款支持证券和国债的规模。*FedBalanceSheet* 代表美联储季度资产负债表规模。如果一家银行在每个季度的流动资产（包括现金和存款机构应收账款余额）与总资产的比率高于（低于）中位数，则该银行被定义为高流动性（低流动性）银行。IV 结果采用 2SLS 估计，工具变量为一个与贷款周期性正交的残差。控制变量包括总资产规模（ln*Assets*）、不良贷款率（*NPL*）、杠杆率（*Leverage*）、净利润率（*Net Income*）。稳健的标准误差在银行层面进行了聚类。括号内为标准误差。***、** 和 * 分别表示在 1%、5% 和 10%（双尾）检验水平上具有统计学意义。

资料来源：2002 年第一季度至 2017 年第四季度美国所有商业银行的季度 FFEIC 031/041 报告。

表 3－5　　量化宽松传导的流动性渠道：住房抵押贷款与工商业贷款

项目	被解释变量 = ΔlnLoan C&I			被解释变量 = ΔlnLoan Real Estate		
	所有银行	高流动性	低流动性	所有银行	高流动性	低流动性
	(1)	(2)	(3)	(4)	(5)	(6)
ln*Liquidity*	0.0272*** (0.0021)	0.0352*** (0.0033)	0.0354*** (0.0031)	0.0201*** (0.0014)	0.0288*** (0.0023)	0.0238*** (0.0023)
ln*Liquidity* × QE1	0.0051*** (0.0019)	0.0075** (0.0032)	0.0017 (0.0026)	0.0033*** (0.0011)	0.0039** (0.0018)	0.0019 (0.0015)
ln*Liquidity* × QE2	0.0080*** (0.0031)	0.0144*** (0.0050)	0.0016 (0.0039)	0.0119*** (0.0031)	0.0196*** (0.0046)	0.0066 (0.0042)
ln*Liquidity* × QE3	0.0058*** (0.0018)	0.0081*** (0.0031)	0.0015 (0.0025)	0.0085*** (0.0011)	0.0096*** (0.0019)	0.0065*** (0.0016)
ln*Assets*	−0.0116*** (0.0025)	−0.0103*** (0.0037)	−0.0225*** (0.0033)	−0.0127*** (0.0017)	−0.0064*** (0.0025)	−0.0268*** (0.0025)
NPL	−0.0076*** (0.0003)	−0.0078*** (0.0005)	−0.0072*** (0.0005)	−0.0079*** (0.0002)	−0.0075*** (0.0003)	−0.0078*** (0.0004)
Leverage	−0.0032*** (0.0003)	−0.0038*** (0.0005)	−0.0024*** (0.0005)	−0.0047*** (0.0003)	−0.0045*** (0.0004)	−0.0050*** (0.0004)
Net Income	0.0027*** (0.0009)	0.0018 (0.0011)	0.0025* (0.0013)	−0.0029*** (0.0005)	−0.0027*** (0.0007)	−0.0032*** (0.0008)
观测值	245 514	116 242	118 786	250 857	119 233	120 805
银行固定效应	YES	YES	YES	YES	YES	YES
年－季度固定效应	YES	YES	YES	YES	YES	YES
调整 R^2	0.0168	0.0167	0.0164	0.2278	0.2374	0.2227

注：因变量为住房抵押贷款和工商贷款总额对数的一阶差分（ΔlnLoan）。主要自变量为滞后流动资产比率对数与衡量量化宽松规模指标之间的交互项。如果一家银行在每个季度的流动资产（包括现金和存款机构应收账款余额）与总资产的比率高于（低于）中位数，则该银行被定义为高流动性（低流动性）银行。IV 结果采用 2SLS 估计，工具变量为一个与贷款周期性正交的残差。控制变量包括总资产规模（ln*Assets*）、不良贷款率（*NPL*）、杠杆率（*Leverage*）、净利润率（*Net Income*）。稳健的标准误差在银行层面进行了聚类。括号内为标准误差。***、** 和 * 分别表示在 1%、5% 和 10%（双尾）检验水平上具有统计学意义。

资料来源：2002 年第一季度至 2017 年第四季度美国所有商业银行的季度 FFEIC 031/041 报告。

行对正向流动性冲击的反应更强烈。我们还发现，对于这两类贷款，与第一轮量化宽松相比，流动性充裕的银行对第二轮量化宽松和第三轮量化宽松相关的流动性贷款敏感性的增加幅度更大［第（2）列至第（5）列］。我们发现，对于流动性受限的银行来说，在三轮量化宽松政策期间，房地产贷款的流动性贷款敏感性并没有显著增加［第（3）列］。然而，对于那些流动性受限的银行的工商贷款，我们发现，在第三轮量化宽松政策期间贷款对流动性的敏感性出现了增加，尽管变化幅度比流动性充裕的银行小（即0.0065与0.0096的差异）。

3.5 稳健性检验

在本节中，我们首先使用DealScan数据库中的银团贷款数据进行稳健性测试，以排除贷款需求等潜在因素对实证结果的影响。我们还利用《家庭住房抵押贷款信息披露法》（HMDA）中住房抵押贷款的数据构建了一个新的流动性约束衡量标准，以证明我们的结果对流动性约束的其他衡量指标和样本限定是稳健的。最后，我们的稳健性检验表明，在本章中确定的银行贷款的流动性渠道与文献中记载的量化宽松政策的净资产渠道不同。

3.5.1 贷款需求

银行贷款实证研究中的一个常见问题是不可观测的需求侧因素带来的内生性问题。银行可能由于贷款需求的变化而不是自身资产负债表的约束而增加或减少贷款。其基本原理是，我们观察到的银行贷款在受到货币政策冲击时的减少，可能仅仅是经济衰退时客户贷款需求减少的结果。例如，现有文献发现小银行在货币紧缩期间减少了更多的贷款，而实际上这些发现可能是由于小银行的客户（很可能是规模较小的公司）往往对经济状况更加敏感，所以减少了借款。在这种情况下，由于这些不可观测的因素通过贷款需求影响我们观测到的银行贷款水平，实证结果存在一定的内生性问题。为了防范这种可能性，我们采用赫瓦贾和米安（Khwaja and Mian，2008）提出的分析框架，在贷款层面上对我们的模型进行估计，并加入借款人固定效应来控制需求侧的因素。这种方法被广泛用于控制不可观察的需求侧因素（Rodnyansky and Darmouni，2017；Chakraborty et al.，2020；Lin and Paravisini，2013）。通过在贷款层面对我们的模型进行估计，加上借款人的固定效应，可以显著缓解由于借款层面不可观测的异质性而导致的潜在内生性问题。

我们的贷款层面数据是通过汤森路透的DealScan数据库中的银团贷款样本构建的，该数据提供了银团贷款合同细节的历史信息。DealScan数据库中的银团贷款数据是按“交易”（deal）和“贷款”（facility）记录银团贷款信息。交易是指借款人与一个或多个贷款人在特定时间签订的合同。每笔银团贷款交易可能由一笔或多笔贷款（如定期贷款、过桥贷款、信用额度、租赁等）组成，每笔贷款可能有一个或多个贷款人。按照以往的文献，我们将每笔交易中的“贷款”视为不同的银行贷款，并在贷款层面进行实证分析（Qian and Strahan，2007；Santos，2011；Ferreira and Matos，2012）。我们使用米尔（Keil，2019）提供的方法将DealScan数据库样本中的贷款人与银行数据样本中的银行进行匹配。其中，RSSD编号是识别贷款人的唯一标识。

由于每笔贷款（即银团贷款交易中的贷款）往往有多个贷款人（出资人），我们需要计算每笔贷款中每个贷款人的准确投资金额。DealScan 数据库的数据只提供了一部分出资人的准确贷款明细信息。根据德哈斯和范霍伦（De Haas and Van Horen，2012）的研究，我们使用两条规则将每笔融资金额在其贷款人之间进行分配。首先，我们使用一个简单的规则，将贷款金额在其所有贷款人之间平均分配（即等额规则）。换句话说，我们假设所有贷款人在每笔融资中提供了相同的资金量，无论他们在贷款银团中扮演什么角色。对于第二条规则，我们将 50% 的贷款额度分配给贷款牵头行，其余 50% 的贷款额度分配给其他贷款参与者（即 50 - 50 规则）。[①] 我们在所有的估计中都使用上述两条规则构建因变量，以最大限度地降低测度误差对结果的影响。除美元以外的所有货币的贷款额度均使用 DealScan 数据库提供的汇率信息转换为美元。我们还确定了每笔贷款的唯一借款人。实证模型的形式与第 3. 4. 2 节回归式类似，将银行资产负债表上报告的季度贷款对数的一阶差分替换为实际贷款额的加总。

表 3 - 6 列出了使用 DealScan 数据库数据以及加入银行层面的控制变量和借款人固定效应之后的结果。第（1）列至第（3）列报告了按照 50 - 50 规则分配的贷款金额的结果，第（4）列至第（6）列是等额规则下贷款金额的结果。除第二轮量化宽松政策外，流动性

① 在 DealScan 数据库中，我们使用“贷款人角色”变量来识别每个贷款人的角色。按照蔡等（Cai et al.，2018）的观点，如果贷款机构的贷款人角色是以下之一：行政代理、代理人、安排人、账簿管理人、协调安排人、牵头安排人、牵头银行、牵头经理、授权安排人、授权牵头安排人、账簿管理人，即定义其为牵头人。

表 3－6　　稳健性检验：控制贷款需求因素

项目	ΔlnLoan——50－50 规则			ΔlnLoan——等额规则		
	所有银行	高流动性	低流动性	所有银行	高流动性	低流动性
	(1)	(2)	(3)	(4)	(5)	(6)
lnLiquidity	－0.1338*** (0.0266)	－0.1841*** (0.0434)	－0.0310 (0.0659)	－0.1231*** (0.0260)	－0.1559*** (0.0431)	－0.0424 (0.0645)
lnLiquidity × QE1	0.2342*** (0.0405)	0.2821*** (0.0655)	0.2810*** (0.1058)	0.2228*** (0.0391)	0.2648*** (0.0632)	0.2764*** (0.1036)
lnLiquidity × QE2	0.0621 (0.0523)	0.0416 (0.0818)	－0.1424 (0.1521)	0.0289 (0.0497)	－0.0237 (0.0794)	－0.1480 (0.1572)
lnLiquidity × QE3	0.1252*** (0.0466)	0.1831** (0.0872)	－0.0696 (0.0791)	0.1257*** (0.0467)	0.1540* (0.0853)	－0.0106 (0.0803)
lnAssets	0.0514*** (0.0055)	0.0612*** (0.0114)	0.1617 (0.1223)	0.0404*** (0.0054)	0.0489*** (0.0115)	0.0767 (0.1158)
NPL	－0.0191* (0.0103)	－0.0650*** (0.0231)	0.0052 (0.0144)	－0.0248** (0.0102)	－0.0719*** (0.0236)	0.0028 (0.0145)
Leverage	－0.0011 (0.0009)	0.0008 (0.0014)	－0.0158*** (0.0031)	－0.0014 (0.0009)	0.0004 (0.0013)	－0.0150*** (0.0031)
Net Income	－0.0359*** (0.0116)	－0.0450** (0.0192)	－0.0409 (0.0355)	－0.0367*** (0.0112)	－0.0543*** (0.0186)	－0.0278 (0.0342)
观测值	37 355	16 671	16 093	37 355	16 671	16 093
借款人固定效应	YES	YES	YES	YES	YES	YES
年－季度固定效应	YES	YES	YES	YES	YES	YES
调整 R^2	0.769	0.789	0.705	0.780	0.798	0.716

注：因变量为 DealScan 数据库中报告的银团贷款金额在银行 × 季度层面的加总。主要的自变量为滞后对数流动资产与量化宽松政策指标之间的交互项。50－50 规则和等额规则是在 DealScan 数据库中没有银行份额信息时，用于计算每家银行在每笔融资中的实际贷款额的两种不同规则。现金和准备金包含在流动资产中。如果一家银行在每个季度的流动资产（包括现金和存款机构应收账款余额）与总资产的比率高于（低于）中位数，则该银行被定义为高流动性（低流动性）银行。IV 结果采用 2SLS 估计，工具变量为一个与贷款周期性正交的残差。控制变量包括总资产规模（*lnAssets*）、不良贷款率（*NPL*）、杠杆率（*Leverage*）、净利润率（*Net Income*）。稳健的标准误差在借款人层面进行了聚类。括号内为标准误差。***、** 和 * 分别表示在 1%、5% 和 10%（双尾）检验水平上具有统计学意义。

资料来源：2002 年第一季度至 2017 年第四季度美国所有商业银行的季度 FFEIC 031/041 报告和汤森路透 DealScan 银团贷款数据库。

衡量指标与量化宽松政策指标之间的交互系数均为正且显著，说明即使控制了不可观测的需求端因素，量化宽松政策对银行信贷影响的流动性渠道也是活跃的。更为重要的是，在银团贷款方面，准备金和现金持有水平较高的银行仍然对量化宽松政策反应较显著［第（2）列与第（3）列，第（5）列与第（6）列］。这里，我们估计的系数与使用银行层面的数据得到的系数略有不同，原因可能有以下几点。首先，我们的估计样本仅限于在此期间有银团贷款的银行，这可能是银行的一个子样本。例如，与其他银行相比，一些银行（如大型银行）可能在银团贷款市场上更为活跃。其次，银团贷款中包含了一些跨境贷款和外国贷款，与国内贷款相比，这些贷款可能会通过不同的渠道受到量化宽松政策的影响（如银行跨境资金流动的推拉因素）。关于这个问题的更多讨论，可参见德哈斯和范霍伦（2012）以及詹内蒂和莱文（Giannetti and Laeven，2012）的研究。

3.5.2 流动性约束的替代指标

考虑到量化宽松政策的背景是2007~2008年金融危机或次贷危机，我们将通过其他流动性约束和样本限制进行下一项稳健性检验。通过观察各银行房地产贷款差异的细节，识别受金融危机冲击最严重的住房市场的住房抵押贷款，我们构建了一个新的银行流动性约束的指标。

我们的想法是，比较房屋贷款对在住房市场上同样活跃但在受冲击最严重的市场上有不同风险敞口的银行的流动性水平的敏感性。无论是在繁荣期还是萧条期，房地产市场都具有很强的区域性，各地区住房市场的周期也都存在很多异质性。银行在当地住房市场的业务覆盖范围很大程度上是由其实体分行的存在预先决定的。将目光投向受金融危机影响最大的区域的理由源于这样一种观点，即如果银行已有很多高风险的信贷敞口，那么银行就很难对新的贷款机会作出反应。通过观察银行在受金融危机影响最大的市场的集中度，能够区分出贷款构成相似（即工商贷款与房地产贷款比例类似），并且在其他方面可能具有可比性，但由于在受金融危机影响最大的市场的风险敞口不同而受到不同的流动性约束，因此对新贷款机会作出反应的能力不同的银行。

比较住房贷款在不同住房市场集中度不同的银行行为的另一个优势是银行之间的可比性。即使我们在估计中加入了银行固定效应和流动性变量这两个工具变量，但如果不讨论潜在的内生性问题，任何实证分析都是不完整的。对高流动性银行与低流动性银行贷款行为进行比较的一个潜在担忧是，银行流动性水平和贷款行为都可能存在可观测或不可观测的遗漏变量。例如，风险偏好不同的银行在持有流动性（包括现金、准备金和其他流动性资产）方面可能会有不同的行为。同时，银行对风险的态度也会影响其贷款决策以及贷款对流动性冲击的调整，如在量化宽松政策时期所经历的流动性冲击和贷款变化。由于风险偏好难以衡量或观察，我们对量化宽松政策期间高流动性银行与低流动性银行贷款敏感性差异的分样本分析结果可能部分反映了银行风险偏好的差异。通过将比较对象限定为活跃的发放住房贷款的金融机构，估计样本中的银行在风险承担和其他不可观测特征方面将更为相似。驱动其流动性约束的主要差异是，它们不同程度地将住房贷款集中在金融危机中经历最大损失的市场上。同时，在这些市场的投资在很大程度上是预先确定的，而金融危机的区域性差异又很难提前准确预测，因此，这种识别策略将在一定程度上解决由银行不同风险偏好带来的信贷水平差异。

我们首先通过研究2007～2009年美国郡县层面房价指数（HPI）的变化，来确定美国次贷危机期间受冲击最大的房地产市场。这里，对于时间窗口的选取，采用2007～2008年或2008～2009年作为危机窗口期将不影响我们的实证结果。我们根据HPI的变化对各郡县进行排名，并将受影响最严重的5%的郡县定义为受冲击最大的市场。在衡量每个贷款人的住房抵押贷款发放情况时，我们将《家庭住房抵押贷款信息披露法》报告的住房抵押贷款申请数据汇总为贷款人—郡县层面的年度面板。《家庭住房抵押贷款信息披露法》数据中可识别的最小地理区域人口普查区可能更适合作为住房市场的变量标准。然而，我们选择郡县层面的房价作为衡量标准，和美国联邦住房金融局（FHFA）编制的HPI保持一致。我们采用传统的样本限制，将用于购买住房或再融资贷款的单户自住的第一留置权贷款纳入样本。银行数据中的贷款人信息和《家庭住房抵押贷款信息披露法》中的住房抵押贷款信息使用联邦住房金融局的罗伯特·艾弗里（Robert Avery）提供的方法进行匹配。

由于我们的目标是找出在次贷危机中房地产市场贷款受影响最严重的银行，因此我们通过银行在危机前的房地产贷款来衡量银行在房地产市场中的活跃度。更具体地说，如果在第一轮量化宽松之前的时期（即2005～2006年），银行的住房按揭贷款占总贷款的比例高于样本中位数，我们就将银行定义为活跃的房地产贷款人。然后，我们将每家银行在受危机影响最严重的郡县的房地产贷款占其当年总体发放量的比例作为识别指标。高风险敞口银行是指在HPI

变化最大（降低最多）的第5百分位数郡县发放的按揭贷款超过其贷款的50%的银行。我们的理由是，在这些市场发放的住房抵押贷款占较大比例的银行，借款人因抵押品价值大幅下降而更有可能对住房贷款进行策略性违约。需要注意的是，银行对房地产市场的另一种风险敞口是通过持有MBS带来的。然而，由于我们无法观察到银行持有MBS底层资产的地理分布，所以在这里我们只关注银行直接发放的住房按揭贷款。

表3－7列出了住房按揭贷款活跃的银行的房地产贷款和工商贷款的结果，并分别列出了受冲击最严重的市场中高风险敞口与低风险敞口贷款人的结果。第（1）列至第（3）列报告了房地产贷款的结果，第（4）列至第（6）列报告了工商贷款的结果。表3－7的结果证实了不同银行子样本的可比性，即与工商贷款相比，活跃在房地产市场的银行的房地产贷款对流动性变化的反应远比工商贷款灵敏。对比第（1）列和第（4）列的结果，可以看出，活跃的住房按揭贷款机构在三轮量化宽松政策期间增加了更多的住房按揭贷款，但没有增加工商贷款。根据第（2）列的实证结果可知，在那些受冲击最严重的市场（即流动性较为不充裕的市场），风险敞口较小的银行进一步增加了其房地产贷款。然而，如第（3）列的结果所示，那些在受冲击最严重的市场上发放的住房抵押贷款比例较高的银行，量化宽松带来的流动性冲击对其信贷水平并没有显著影响。综上所述，结果与理论上的预测一致，即流动性充裕的银行的贷款对流动性冲击的反应更灵敏，而流动性受限的银行由于需要为原有头寸提供资金，可能无法作出类似反应。

表 3-7　　稳健性检验：流动性约束的替代指标

项目	住房抵押贷款变化			工商贷款变化		
	住房贷款占比高	低风险敞口	高风险敞口	住房贷款占比高	低风险敞口	高风险敞口
	(1)	(2)	(3)	(4)	(5)	(6)
ln*Liquidity*	0.0101*** (0.0016)	0.0079*** (0.0016)	0.0281*** (0.0066)	0.0222*** (0.0034)	0.0217*** (0.0035)	0.0264** (0.0126)
ln*Liquidity* × QE1	0.0042*** (0.0012)	0.0042*** (0.0013)	0.0039 (0.0054)	0.0028 (0.0038)	0.0033 (0.0038)	0.0008 (0.0165)
ln*Liquidity* × QE2	0.0128*** (0.0040)	0.0106*** (0.0038)	0.0268 (0.0173)	0.0007 (0.0055)	-0.0011 (0.0057)	0.0339 (0.0216)
ln*Liquidity* × QE3	0.0076*** (0.0014)	0.0073*** (0.0014)	0.0059 (0.0082)	0.0069** (0.0034)	0.0073** (0.0035)	0.0106 (0.0150)
观测值	79 047	72 971	6 064	77 498	71 507	5 978
银行固定效应	YES	YES	YES	YES	YES	YES
年-季度固定效应	YES	YES	YES	YES	YES	YES
调整 R^2	0.362	0.361	0.406	-0.0169	-0.0184	-0.0348

注：住房抵押贷款高是指在第一轮量化宽松之前的时期（2005~2006 年），房地产贷款占总贷款的比例高于中位数。风险敞口低是指在 2007~2009 年期间，受冲击最严重的市场的贷款占比低于 50%；而风险敞口高是指受冲击最严重的市场的贷款占比至少为 50%。IV 结果采用 2SLS 估计，工具变量为一个与贷款周期性正交的残差。控制变量包括总资产规模（ln*Assets*）、不良贷款率（*NPL*）、杠杆率（*Leverage*）、净利润率（*Net Income*）。稳健的标准误差在借款人层面进行了聚类。括号内为标准误差。*** 和 ** 分别表示在 1% 和 5%（双尾）检验水平上具有统计学意义。

资料来源：2002 年第一季度至 2017 年第四季度美国所有商业银行的季度 FFEIC 031/041 报告和汤森路透 DealScan 银团贷款数据库。

3.5.3　量化宽松政策对银行贷款的其他影响渠道

由于资本管制的约束，银行可能不愿意或无法在量化宽松政策期间增加贷款（Joyce and Spaltro，2014）。为了控制这些因素，我们在所有的回归中都加入银行的资本水平作为控制变量。除此之外，本节还对银行资本水平对量化宽松政策流动性渠道的影响进行了稳健性检验。具体而言，我们使用银行资本充足率的中位数水平（10.09%）对样本进行拆分，并分别对两个子样本重新估计高流动性银行与低流动性银行的基准模型。表3－8分别报告了高资本充足率［第（1）列和第（2）列］与低资本充足率［第（3）列和第（4）列］的银行子样本的结果。我们的实证结果与基准回归中的结论一致，即无论银行的资本比率如何，流动性较高的银行仍然比流动性较低的银行在信贷增长上对量化宽松政策的反应更强烈。表3－8的结果证实了不同流动性水平的银行在银行流动性贷款敏感性上的差异反应并不是由于银行资本充足率状况的差异造成的。量化宽松政策的流动性渠道并不是资本比率水平相对较高的银行所独有的。

表3－8　　稳健性检验：资本约束的影响

项目	资本高		资本低	
	高流动性	低流动性	高流动性	低流动性
	（1）	（2）	（3）	（4）
ln*Liquidity*	0.0589*** （0.0031）	0.0363*** （0.0031）	0.0372*** （0.0021）	0.0334*** （0.0021）
ln*Liquidity*×QE1	0.0018 （0.0019）	－0.0003 （0.0016）	0.0005 （0.0017）	0.0008 （0.0013）
ln*Liquidity*×QE2	0.0111*** （0.0027）	－0.0001 （0.0018）	0.0091*** （0.0026）	0.0021 （0.0020）
ln*Liquidity*×QE3	0.0056*** （0.0019）	0.0049*** （0.0014）	0.0137*** （0.0021）	0.0030** （0.0014）
ln*Assets*	－0.0022 （0.0039）	－0.0284*** （0.0034）	－0.0169*** （0.0028）	－0.0248*** （0.0031）
NPL	－0.0074*** （0.0005）	－0.0078*** （0.0004）	－0.0056*** （0.0003）	－0.0061*** （0.0003）

续表

项目	资本高		资本低	
	高流动性	低流动性	高流动性	低流动性
	(1)	(2)	(3)	(4)
Leverage	-0.0041 *** (0.0004)	-0.0040 *** (0.0004)	-0.0053 *** (0.0004)	-0.0056 *** (0.0004)
Net Income	-0.0049 *** (0.0012)	-0.0049 *** (0.0015)	-0.0006 (0.0006)	-0.0004 (0.0006)
观测值	63 203	63 163	55 582	57 464
银行固定效应	YES	YES	YES	YES
年-季度固定效应	YES	YES	YES	YES
调整 R^2	0.0528	0.0621	0.0408	0.0604

注：因变量为贷款总额对数的一阶差分（Δln*Loan*）。主要自变量为滞后流动资产比率对数与 QE 指标之间的交互项。现金和储备金的持有量包含在总流动资产中。如果一家银行在每个季度的权益资本与总资产的比率高于（低于）中位数，则该银行被定义为高资本充足率（或低资本充足率）的银行。IV 结果采用 2SLS 估计，工具变量为一个与贷款周期性正交的残差。控制变量包括总资产规模（ln*Assets*）、不良贷款率（*NPL*）、杠杆率（*Leverage*）、净利润率（*Net Income*）。稳健的标准误差在借款人层面进行了聚类。括号内为标准误差。*** 表示在 1%（双尾）检验水平上具有统计学意义。

资料来源：2002 年第一季度至 2017 年第四季度美国所有商业银行的季度 FFEIC 031/041 报告。

除了资本约束可能影响量化宽松政策和银行贷款之间的相互作用外，我们还进一步证明了量化宽松政策的流动性渠道在控制文献中记载的其他量化宽松政策渠道时的稳健性。具体而言，我们在实证模型中加入了净值渠道，以使两个渠道同时有效。更具体地说，我们参照罗丹斯基和达尔穆尼（2017）以及查克拉博蒂等（2020）的方法，用高住房抵押贷款支持证券持有（*MBSHigh*）×第一轮量化宽松、高国债持有（*TreasuryHigh*）×第二轮量化宽松，以及高住房抵押贷款支持证券持有（*MBSHigh*）×第三轮量化宽松来控制净值渠道。*MBShigh* 和 *TREhigh* 是指持有住房抵押贷款支持证券或国债水平较高的银行（即在每个季度的银行住房抵押贷款支持证券或国债持有的分布中高于中位数）的代理指标，与净值渠道文献中的变量构建方法相同。与我们的基准回归类似，实证模型采用2SLS估计，并加入银行固定效应和年－季度固定效应。结果如表3－9所示。实证结果表明，流动性渠道是量化宽松政策影响银行信贷的一个独特渠道，在控制净值渠道之后，反映流动性渠道的交互仍是显著的。即使控制了量化宽松政策的净值渠道，现金和准备金持有水平较高银行的信贷对量化宽松政策依旧更为敏感。

表3－9　　　　稳健性检验：控制量化宽松的净值渠道

项目	全样本	高流动性	低流动性
	(1)	(2)	(3)
ln*Liquidity*	0.0288*** (0.0013)	0.0433*** (0.0019)	0.0314*** (0.0019)
ln*Liquidity* × QE1	0.0037*** (0.0008)	0.0042*** (0.0013)	0.0025** (0.0011)
ln*Liquidity* × QE2	0.0057*** (0.0012)	0.0120*** (0.0021)	0.0000 (0.0015)
ln*Liquidity* × QE3	0.0082*** (0.0008)	0.0109*** (0.0014)	0.0057*** (0.0011)
ln*Assets*	−0.0102*** (0.0016)	−0.0047** (0.0023)	−0.0229*** (0.0020)
NPL	−0.0073*** (0.0002)	−0.0067*** (0.0003)	−0.0072*** (0.0003)
Leverage	−0.0039*** (0.0002)	−0.0041*** (0.0003)	−0.0040*** (0.0003)
Net Income	−0.0027*** (0.0005)	−0.0031*** (0.0006)	−0.0031*** (0.0007)
QE1 × *MBS*	−0.0042*** (0.0007)	−0.0037*** (0.0010)	−0.0051*** (0.0009)
QE2 × *Treasury*	0.0011 (0.0009)	−0.0007 (0.0014)	0.0012 (0.0011)

续表

项目	全样本	高流动性	低流动性
	(1)	(2)	(3)
QE3 × *MBS*	0.0000 (0.0006)	-0.0012 (0.0010)	-0.0008 (0.0009)
观测值	251 869	119 637	121 397
银行固定效应	YES	YES	YES
年-季度固定效应	YES	YES	YES
调整 R^2	0.1060	0.0747	0.0894

注：因变量为贷款总额对数的一阶差分（$\Delta\ln Loan$）。主要自变量为滞后流动资产比率对数与 QE 指标之间的交互项。现金和储备金的持有量包含在总流动资产中。*MBShigh* 和 *TREhigh* 是指持有住房抵押贷款支持证券或国债水平较高的银行（即在每个季度的分布中高于中位数）的指标。如果一家银行在每个季度的权益资本与总资产的比率高于（低于）中位数，则该银行被定义为高流动性（低流动性）的银行。IV 结果采用 2SLS 估计，工具变量为一个与贷款周期性正交的残差。控制变量包括总资产规模（ln*Assets*）、不良贷款率（*NPL*）、杠杆率（*Leverage*）、净利润率（*Net Income*）。稳健的标准误差在借款人层面进行了聚类。括号内为标准误差。*** 和 ** 分别表示在 1% 和 5%（双尾）检验水平上具有统计学意义。

资料来源：2002 年第一季度至 2017 年第四季度美国所有商业银行的季度 FFEIC 031/041 报告。

3.6 结论

本章研究了量化宽松政策期间银行贷款的流动性渠道的显著性和效果。我们首先讨论了美联储政策导致的美国银行体系超额准备金的大幅增加。在美联储干预后，不仅银行业的整体准备金水平增加，而且随着三轮量化宽松政策的实施，各家银行的准备金持有量的差异程度也在增加。我们通过一个包括银行基本约束条件和量化宽松政策冲击的简单部分均衡模型，预测流动性持有水平较高的银行的贷款对美联储通过大规模资产购买计划注入的流动性反应更强烈。因此，我们在一个包含银行固定效应的模型中实证检验了银行贷款增速在不同轮次量化宽松政策期间对流动性变化的反应。同时，我们使用与贷款周期性正交的残差作为工具变量，解决可能存在的内生性问题。

我们的结论支持量化宽松政策有效改变银行贷款倾向的推论。首先，我们利用美国所有商业银行的分类数据，证明了美联储自 2008 年以来实施的三轮非传统货币政策的流动性渠道的有效性。其次，我们的实证结果表明，流动性充裕的银行在量化宽松政策期间的流动性—贷款敏感性更强。研究使用 DealScan 数据库中的银团贷款数据控制了贷款需求方的潜在因素，实证结果依旧是稳健的。同时，我们使用银行对不同住房市场的风险暴露与《家庭住房抵押贷款信息披露法》中的住房抵押贷款数据构建了新型流动性约束指标，进一步检验了我们的结论。我们发现，正向流动性冲击对流动性受限的银行不太有效，因为它倾向于增加银行持有过剩流动性而不增加贷款的意愿。最后，稳健性检验的结论表明，我们研究的量化宽松政策的流动性渠道与文献中记载的净值渠道不同。在回归模型中控制了净值渠道之后，量化宽松传导的流动性渠道仍然存在。

附录　银行变量定义

银行变量定义

身份证	变量编号	说明
日期	RSSD9001	提交报告的年－季度
银行 ID	RSSD9999	一家银行的主要标识符
银行类型	RSSD9331	表示实体类型的两位数代码，该代码用于识别商业银行
国家	RSSD9210	分配给该实体所在的美国某州或美国某领土的两位数代码或其邮寄地址
现金	RCFD0010	存款机构应收现金和余额
流动资产	RCONB987 RCFDB989 RCFD1754 RCFD1773 RCFD3545	已出售的联邦基金未清偿金额（RCONB987）、根据转售协议购买的证券（RCFDB989）、持有至到期证券的摊余成本（RCFD1754）、可供出售证券的公允价值（RCFD1773），以及交易资产（RCFD3545）
住房抵押贷款支持证券（MBS）	RCFD8369 RCON 3534 3535 3536 RCFD G300 G303 G307 G311 G315 G319 G323 G304 G308 G312 G316 G320 K142 K146 K150 K154 K145 K149 K153 K157 K197 K198 G379 G380 G381	住房抵押贷款支持证券是指在RC－B（证券）和 RC－D（交易资产）中报告的未偿还金额的总和，加上持有至到期证券（采用摊余成本）和可供出售证券（采用公允价值）
国库证券	RCFD0211 RCFD1287 RCFD1289 RCFD1294 RCFD1293 RCFD1298 RCFD3531 RCFD3532	在 RC－B 和 RC－D 中报告的美国国债（RCFD0211、RCFD1287、RCFD3531、RCFD3532）和美国政府机构债务（不包括 MBS）（RCFD1289、RCFD1294、RCFD1293、RCFD1298）的未偿还金额之和。我们将各类证券的持有至到期证券（采用摊余成本）和可供出售证券（采用公允价值）相加

续表

身份证	变量编号	说明
贷款总额	RCFD2122	扣除估值准备金前的贷款总额账面总值（RCFD1400），减去贷款未产生的收入（RCFD2123）
工商贷款	RCFD1766	向工商企业（业主、合伙企业和公司）提供的商业和工业贷款，不论是有担保还是无担保、是一次性支付还是分期付款。它相当于 RC－C 中记录的商业和工业贷款（RCFD1766）以及 RC－D 中记录的贷款（RCFDF614）
房地产贷款	RCFD1410	以不动产为担保的贷款
不良贷款	RCFD1403 RCFD1407 RCFD2122	2002 年第一季度至 2009 年第四季度，等于到期未付的贷款和租赁融资应收账款（RCFD1407），加上银行处于非应计状态的贷款和租赁融资应收账款未付余额（RCFD1403）与贷款总额（RCFD2122）的比率。从 2010 年第一季度开始，FFIEC 031 表不再包括 RCFD1403 或 RCFD1407。因此，我们计算不良贷款的方法是将 RC－N（逾期和未到期贷款、租赁和其他资产）中报告的子类项目相加
总资产	RCFD2170	所有资产项目的总和
总股本	RCFD3210	永续优先股及相关盈余（RCFD3838）、普通股（RCFD3230）、盈余（RCFD3839）、未分配利润和资本准备（RCFD3632）以及累计外币换算调整（RCFD3284）之和减去未实现损失净额（RCFD0297）
资本充足率	RCFD3210 RCFD2170	总股本（RCFD3210）除以总资产（RCFD2170）
存款	RCFD2200	存款总额（RCFD2215）加上非交易性的储蓄存款（RCFD2389），再加上定期存款（RCFD2514）
净收入	RIAD4340	净收入（损失）除以总资产（RCFD2170）

第 4 章

货币政策传导信贷渠道的跨国溢出效应

4.1 引言

2008 年世界金融危机之后，特别是美联储量化宽松政策和一系列的流动性工具开展之后，由于美国大型国际性银行的全球资本运作和各国资本回报率的差异，充足的流动性经由银行等金融机构和资本市场传导到其他国家，带来更为剧烈的货币供给波动。中国人民银行多次在货币政策委员会的季度例会中表明，当前我国经济金融运行总体形势的错综复杂不可低估，而世界经济仍处于世界金融危机后的深度调整期。国际国内经济金融最新动向和国际资本流动的变化值得密切关注和研究，这对未来人民币国际化和人民币汇率形成机制改革都是至关重要的。2014 年以来，随着美国等发达经济体开始退出较为宽松的货币政策，全球的金融环境也将进一步收紧。

国际货币基金组织（IMF）也进一步在 2016 年的年报中提出，国家和地区间的金融联系可能对各国宏观经济表现产生不利影响，并在全球经济范围内产生溢出效应。同时，国际货币基金组织也建议，在货币政策和宏观经济研究上，应该深化对宏观—金融联系和溢出效应的分析。

从经济理论上看，美国的货币政策，无论是金融危机时期以量化宽松为代表的非传统货币政策，还是正常经济时期的传统货币政策（包括基准利率、准备金、公开市场操作、贴现窗口借贷等工具），都可以将美国的流动性需求和供给传导到其他国家。如果存在这样的一种货币政策的溢出效应或是跨国传导，那么一个国家的货币政策就会对其他国家的货币供给产生影响。对于中国这样的新兴市场国家而言，随着中国经济与人民币国际地位的不断提升，国内经济市场与国际经济市场间的互动和相互影响也会进一步增大。在这样的宏观背景下，国内货币政策制定应该更多地考虑国际经济形势带来的外部效应。同时，随着跨境资本流动的总体规模日益增加，汇率和货币供给的波动性也在逐步加剧。金融市场的波动将以各种途径传导到国民经济的各个方面。由此，本章通过国际银团贷款（贷款及银行层面）和宏观经济（国家层面）数据，从国际资本的供给方——跨国人型银行机构的角度，综合讨论一国的货币政策和货币供给如何对全球货币供给产生影响。实证结果和研究框架将为中国政府货币政策的制定和对跨国资本流动的应对提供理论指导。

具体而言，在决定跨国银行资本流动这个问题上，国家层面上我们把各种决定因素分为供给侧因素、需求侧因素和全球经济发展不确定因素（如VIX指数）。基准模型中，供给侧因素我们用全球实际国民生产总值增长率来衡量，需求侧因素我们用各国的实际国民生产总值增长率来衡量。与雷伊（Rey，2015）的研究类似，不确定因素的变量是VIX指数（芝加哥期权交易所市场波动率指数）。同时，我们还考量了其他可能因素对跨国银行间资本流动的影响，包括美国*TED*利差（三月期伦敦银行间市场利率和三月期美国国债利率之差）、资金流入国和流出国的基准利率差，以及资金流入国经常性账户余额。实证结果将与文献中的结果进行对比研究（Bruno and Shin，2015；Forbes and Warnock，2012；Rey，2015）。另外，国家层面的制度因素也将影响跨国资本流动。资金流入国的制度指标会直接影响金融机构在当地信贷行为的交易风险和交易成本。因此，从机构角度来看，在跨国信贷决策过程中，投资国制度建设水平将成为一个重要因素。

在资本流动的地理分布方面，詹内蒂和莱文（2012）以及德哈斯和范霍伦（2013）均指出，随着经济周期的变化，发达国家跨国资本流动地理位置的分布也会产生巨大的变化。例如，在经济危机期间，相对本国资本的配置，美国大型金融机构在跨国资本上的配置会出现大幅收缩。同时，美国金融机构从与美国地理位置较近的国家收缩的跨国资本远小于地理位置较远的国家。但是，并没有研究讨论过在流动性充足期间，这种跨国资金的地理分布会如何变化。

最后，在银行层面，我们首先确定研究主体为美国大型跨国银行机构在全世界的信贷。只选用美国的金融机构有两个原因：一是为了更好地控制资金流出国的效应，从而避免资金流出国的差异性对结果造成的影响；二是为了更好地研究美国量化宽松政策对美国金融机构跨国资源配置的影响，从而更好地研究非传统货币政策的跨国传导。

不同的银行作为决策主体，银行层面的变量也会影响每个银行的信贷行为和跨国资本的配置。前期的研究表明，美联储第一轮量化宽松在刺激信贷和注入流动性上有效性最好。从机构层面上来看，从金融危机过渡到流动性相对充足的量化宽松时期，那些危机前流动性指标较差的银行（流动性资产更少）对量化宽松的敏感性更高。同时，跨国银行在金融危机后流动性充足时期更多地配置跨国资产。但是，也有研究显示，流动性指标在2008年世界金融危机之后并不显著。银行的信贷行为，包括国内的和跨国的信贷，在更大程度上取决于资本充足率的要求，如巴塞尔协议规定的资本充足率。因此，银行层面的因素如何影响银行跨国资本配置也是本章的一个研究重点。

我们的实证分析发现，首先，在决定跨国银行资本流动这个问题上，国家层面的需求侧效应没有全球供给侧效应显著。除传统的资产收益等因素外，国家层面的制度因素也会影响外国银行资本的流入。其次，在金融危机期间，全球宏观经济发展不确定性将代替供给侧和需求侧因素，主导跨国资本的流动。最后，在决定银行进行跨国信贷和资本配置的时候，银行的资本充足率和流动性同时决定银行的配置行为。但是，不同时期两者的重要性不同。以上三个结论从国家、银行和贷款层面，解释了量化宽松期间由美国宽松货币政策带来的流动性如何通过跨国银行系统传导到其他国家。

4.2 文献综述

本章研究在内涵上与非传统货币政策（如量化宽松政策）传导、金融机构管理和跨国资本流动均有一定联系。货币政策传导在传导路径、市场敏感度和政策有效性上有大量的研究。金融机构管理的文献对银行特质和货币政策的传导效果也有很多理论和实证的探索。但是，基于银行和贷款层面数据，对跨国资本流动和货币政策跨国传导的深入研究还很缺乏。

首先，本章研究与货币政策传导的文献有密切联系。量化宽松政策作为一种非传统的货币政策，影响资产价格和货币供给的传导途径有以下几种。第一个途径是通过资产组合再平衡或久期风险匹配（Vayanos and Vila，2009）。偏好习惯理论认为不同期限的金融产品之间并不能完全替代。同时，投资者或者金融机构对不同期限和收益的金融资产有一定的刚性需求。当中央银行在市场上购买长期国债时，投资者对长期国债的需求就会增加，而市场上长期国债的供给又由于中央银行的购买行为而减少了，长期国债的价格就会提高、收益就会降低。中央银行通过公开市场购买行为，调控某种期限产品的收益率（Gagnon et al.，2011；Hancock and Passmore，2011）。第二个途径是信号渠道（Eggertsson and Woodford，2003）。中央银行的量化宽松政策往往会改变市场上对未来利率走势的预期。换句话说，当中央银行施行宽松的货币政策时，市场投资者对未来利率水平的期望就会降低。实证研究

（Bauer and Rudebusch，2014；Christensen and Rudebusch，2012）也表明，中央银行在市场上的资产购买传递的信息会影响长期利率水平。第三个途径是增加流动性（Krishnamurthy and Vissing-Jorgensen，2011；Hancock and Passmore，2014）。中央银行的资产购买计划会增加投资者和机构的流动性资产，从而降低流动性溢价、提高流动性资产的收益（如国债）。

除此之外，本章研究还与研究金融中介和非传统货币政策传导机制的宏观文献相关。格特勒和卡拉第（Gertler and Karadi，2011）在主流的DSGE分析框架下，通过结构模型刻画银行本身的行为，同时用开放经济下的动态一般均衡来刻画资本市场对银行决策的动态反馈机制（金融加速器）与一般均衡机制。戴尔·内格罗等（Del Negro et al.，2017）通过在DSGE模型中引入流动性摩擦，讨论了流动性冲击、短期名义利率波动和金融危机之间的作用机制。青木等（Aoki et al.，2016）通过金融中介持有外债这样的一种原罪，讨论了新兴市场国家受全球金融周期影响的原因。

除对本国资本市场和信贷市场的影响外，中央银行的非传统货币政策还有一定的溢出效应。基于美联储的大规模资产购买计划，尼利（2010）发现大规模资产购买计划对发达国家的国债收益率造成了20~80个基点的影响（降低）。鲍尔和尼利（Bauer and Neely，2014）的研究表明，美国和加拿大的信号传导途径最显著，而德国和澳大利亚同时显示出资产组合再平衡途径和信号途径的显著性。陈等（2012）的研究也发现，美国的量化宽松政策降低了亚洲新兴市场国家的债券收益率。

另外，现有的银行文献也研究了跨国银行在货币政策国际传导过程中扮演的作用。文献表明，国际银行由于跨国业务的开展，受本国货币政策的影响正在减弱。与此同时，它们也更容易将一国的货币供给冲击（正向或者负向），通过银行内部资本市场传递到其他国家（Peek and Rosengren，1995；Popov and Udell，2010；Cetorelli and Goldberg，2012）。

本章研究还与研究跨国银行资本流动的文献相关（Giannetti and Laeven，2012；De Hass and Van Horen，2013）。作为三类国际资本流动中随经济周期波动比较大的一类资本，跨国银行间资本流动一直是银行研究领域一个重要的课题。现有文献主要讨论了金融危机前期金融机构收缩国际信贷的现象；同时，还研究了国际金融机构跨国信贷的地理分布以及国家层面的决定因素，即什么样的国家特征影响金融危机中的跨国贷款收缩。有意思的是，研究表明，在金融危机期间，跨国银行的跨国贷款收缩要高于本国信贷收缩（Giannetti and Laeven，2012；De Haas and Van Horen，2012）；同时，跨国贷款的信贷减少对于不同的目的国也有区别。

最后，与本章研究相关的文献还包括研究全球流动性和全球经济周期的文献（Borio and Disyatat，2010；Fratzscher，2012；Obstfeld，2012；Rey，2015；Bruno and Shin，2015；Cerutti et al.，2017）。这些文献研究了影响全球资本流动的推拉效应。例如，布鲁诺和希恩（Bruno and Shin，2015）研究发现，在全球跨国资本流动的决定因素中，银行供给效应占主导地位。雷伊（2015）研究表明，全球经济不确定性（通过 VIX 指数来衡量）可以极大地影响跨国资本流动。弗拉茨舍（Fratzscher，2012）也发现，国家层面的一些变量也会影响跨国资本的流入。

4.3 数据和实证策略

本章使用了多个跨境银行资本流动的数据库。样本覆盖的时间段是从 2002 年第一季度到 2015 年第三季度。在实证研究中，我们将样本期分为四个部分进行子样本分析。具体来说，我们的样本可以分为危机前（2002 年第一季度至 2007 年第三季度）、危机时期（2007 年第四季度至 2009 年第二季度）、量化宽松时期（2008 年第四季度至 2014 年第四季度）和量化宽松后时期（2014 年第四季度至 2015 年第三季度）这四个部分。① 样本期基本覆盖了世界经济最近的一个经济周期，为我们研究金融机构在不同货币政策和经济冲击下的行为提供了良好的机会。

由于这段时期内，跨国银行的跨境贷款行为主要受美国宽松货币政策的影响，所以我们主要关注美国银行对新兴市场经济体的跨境贷款和外国贷款。与塔克茨（Takats，2010）的研究类似，我们使用国际清算银行（BIS）的区位银行统计来考察不同时期全球供给因素和特定国家需求因素对新兴市场经济体银行资本流入的影响。区位银行统计包括对报告国银行的债权和债务（包括银行间头寸）的数据。根据国际清算银行的说明，与综合银行统计不同的是，区域银行统计采用与国际收支方法一致的原则进行报告。综合银行统计衡量的是总部设在报告国的银行的综合债权，包括

① 我们采用美国国家经济研究局（NBER）公布的美国商业周期数据对危机的定义作为样本区间的定义。

其外国子公司的债权，但不包括机构间的头寸。我们从不同数据来源取得推力效应（供给）及拉力效应（需求）因素的数据。具体包括以下几方面数据：实际GDP增长率、世界实际GDP增长率、经常性账户余额和政策利率来自国际货币基金组织国际金融统计（IFS）和国际收支统计（BOPS）；圣路易斯联邦储备银行的FRED数据库提供了VIX指数和TED利差的数据；此外，我们还加入了世界银行全球治理指标项目（WGI）的数据，以扩展推拉因素的一些与制度相关的新维度。WGI对东道国制度环境的衡量包括六个维度，即话语权和问责制、政治稳定和安全、政府效能、监管质量、法治和腐败控制。我们认为，东道国的制度环境也影响着银行资本的流入。由于数据的可得性，我们最终的估计样本中包括37个发展中国家。

银团贷款的主要样本来自汤森路透的DealScan数据库，它提供了银团贷款定价、合同细节和条款的历史信息。该数据集可追溯到1981年，但直到20世纪90年代中期，其对美国以外的公司贷款的覆盖面相当小（Qian and Strahan，2007）。根据WRDS数据库的介绍，DealScan数据库的数据是按“交易”或“贷款”来记录的。交易是指借款人与放款人在某一特定日期签订的合同。每笔银团贷款交易可能由一笔或多笔贷款组成，同时，每一笔贷款可能有一个或多个机构参与。参考既有文献的做法（Qian and Strahan，2007；Santos，2011；Ferreira and Matos，2012），在贷款层面进行主要的检验，也就是说，我们将每笔交易中的贷款视为不同的银团贷款。我们的初始样本包含2002年1月1日至2015年9月30日启动的203 824笔贷款（覆盖135 366笔银团贷款交易）。

我们将贷款层面的数据加总到公司（贷款人）层面。尽管 DealScan 数据库提供了贷款层面的详细信息，但除了公司名称和股票代码外，它并没有提供关于贷款人和借款人本身的额外信息。为了获得贷款人信息（如银行层面的财务信息），我们将 DealScan 数据库中贷款人与银行控股公司的信息进行人工匹配。我们还对最终的估计样本采用了以下标准：首先，我们的样本中只包括贷款人为美国银行控股公司或以美国银行控股公司为母公司的银行；① 其次，我们的样本中只包括跨境贷款（即以非美国国家机构为借款人的贷款）；最后，我们排除了在样本期间没有参与跨境贷款的贷款人。此外，DealScan 数据库只提供了部分贷款的具体贷款明细信息。根据德哈斯和范霍伦（2012）的方法，我们使用了两种规则来分配每笔贷款金额在其贷款人之间的分配。首先，我们使用了一个简单的规则，即在所有贷款人之间平均分配贷款金额。换句话说，我们假设所有贷款人在每笔融资中提供了相同的金额，无论他们在贷款银团中扮演什么角色。在第二种规则中，我们将 50% 的贷款额度分配给贷款牵头机构，其余的 50% 分配给贷款参与者。我们在所有的估计中都使用了上述两条规则构建的两个因变量，以最大限度地降低测度误差。除美元以外的所有货币的贷款额度均使用 DealScan 数据库提供的汇率信息换算成美元。

我们使用的银行层面的变量从以下几个方面反映了银行的资产负债表和收益状况。我们使用流动性比率作为银行流动性状况的代

① 我们之所以在样本中只包含美国银行控股公司，而不是所有的金融机构，是因为 Call Report 的数据包括银行 × 季度层面详细的资产负债表和利润表数据。由于我们关注的是银行在不同时间段的贷款行为，因此季度数据包含的信息量比年度数据更多。相比于 Call Report 的数据，Moody's BankFocus 数据库的银行数据没有这样的优势。

表（其定义为流动性资产与总资产的比率），将现金和存款机构应收余额列入流动资产。首先，根据定义，银行的流动资产是指那些可以迅速（在需要时）转化为现金以履行金融义务的资产。根据这一定义，现金和中央银行储备应被视为流动资产。其次，以往的文献排除了现金，认为现金持有量主要反映了法定准备金持有量（Kashyap and Stein，2000）。然而，2008 年世界金融危机以后，金融中介机构在其资产负债表上一直持有大量的超额准备金。流动性变量为我们使用的主要变量，因为流动性渠道是危机后量化宽松政策影响美国银行贷款行为的最重要传导渠道之一。我们希望检验全球银行的流动性水平如何影响其跨境贷款行为，进而研究美国货币政策对全球其他经济体的流动性溢出效应。风险加权的资本充足率是用来衡量银行的资本状况的。正如伯南克等（1991）以及卡什雅普和斯坦（1994）所指出的，当中央银行向银行业提供流动性以增加信贷供给时，资本监管要求如果具有约束力，将降低货币政策的有效性。资本约束还可能加大中央银行收缩性货币政策的效果。当银行业的存款数额减少时，银行就需要发行其他银行负债（如商业票据）来维持其贷款的正常水平。然而，资本充足率较低的银行将被认为是风险水平较高的（在风险加权资产水平相同的情况下），因此需要为证券发行支付较高的溢价。所以，资本充足率较低的银行在面临货币政策收紧时，会减少证券发行量、减少贷款。除了上述两个主要的银行层面的变量外，我们在所有回归中还控制了银行的盈利能力（即净资产收益率 *ROE*）、银行的风险承担水平（以不良贷款率 *NPL* 衡量）、银行每季度的贷款总额以及银行的总资产。我们使用 *QE* 的政策虚拟变量作为主要变量来刻画非传统货币政策。我们使用的所有变量的详细定义见表 4 – 1。

表 4-1 变量定义和数据来源

变量	定义	数据来源
国家层面变量		
Cross-Border Claim	东道国每季度按货币和断点调整的跨境银行贷款	BIS Locational Banking Statistics
Δ% Real GDP	东道国每个季度的实际 GDP 增长率	IMF International Financial Statistics
Δ% World Real GDP	世界各季度实际 GDP 增长率	
VIX	芝加哥期权交易所每个季度的波动率指数，衡量市场对股指期权价格所传达的近期波动率的预期	FRED, Federal Reserve Bank of St. Louis
US TED	按以美元为基准的 3 个月伦敦银行同业拆借利率与 3 个月国债之间的利差	
Current Account	东道国每个季度的经常性账户余额	IMF Balance of Payments Statistics
Interest Diff	美国联邦基金利率与各东道国每季度政策利率之间的差异	IMF International Financial Statistics
VA	话语权和问责制指数	Worldwide Governance Indicators (WGI) Project
PS	政治稳定和无暴力指数	
GE	政府效率指数	
RQ	监管质量指数	
RL	法治指数	
CC	控制腐败指数	
时间序列变量		
Pre-crisis	2002 年第一季度至 2007 年第三季度	NBER US Business Cycle
Crisis	2007 年第四季度至 2009 年第二季度	
QE	美联储量化宽松的完整时期。2008 年第四季度至 2014 年第四季度期间，虚拟变量取 1	Federal Open Market Committee FOMC Meetings Statement
QE1	美联储第一轮量化宽松时期。2008 年第四季度至 2010 年第二季度期间，虚拟变量取 1	
QE2	美联储第二轮量化宽松时期。2010 年第四季度至 2011 年第二季度期间，虚拟变量取 1	
QE3	美联储第二轮量化宽松时期。2012 年第三季度至 2014 年第四季度期间，虚拟变量取 1	

续表

变量	定义	数据来源
银行层面变量		
Cross-border Lending	每家美国银行控股公司的跨境和国外贷款总额（即所有货币的贷款总额）	Thomas Routers DealScan
Total Loans	BHCK2122——贷款和租赁总额，扣除未得收入	FR Y9 – C Consolidated Financial Statements for Holding Companies
NPL Ratio	等于贷款、应收租赁融资款和债务证券及其他资产总额——逾期 90 天以上且仍在计提（BHCK5525），加上贷款、应收租赁融资款和债务证券及其他资产总额——非计提（BHCK5526）与贷款总额（BHCK2122）的比率	
Total Assets	BHCK2170——所有资产项目的总和	
Capital Ratio	BHCK7205——风险加权的总资本比率	
Liquidity Ratio	出售的联邦基金和根据回售协议购买的证券（BHCKC225）、持有至到期证券的摊余成本总额（BHCK1754）和交易资产总额（BHCK3545）与总资产（BHCK2170）的比率	
ROE	净收入（BHCK4340）与总股本（BHCK3210）的比率	

4.4 来自国家层面的证据

为了研究美联储非传统货币政策对全球流动性供给的影响，我们首先通过国际清算银行的区域层面数据提供一些基础证据。图 4 – 1 描述了美国全球银行在不同地区的国际贷款情况。图 4 – 1 中的国际贷款有两种类型，即跨境贷款（或债权）和国际贷款（或债权）。根据国际清算银行国际金融统计指南，向非本国居民发放的债权被

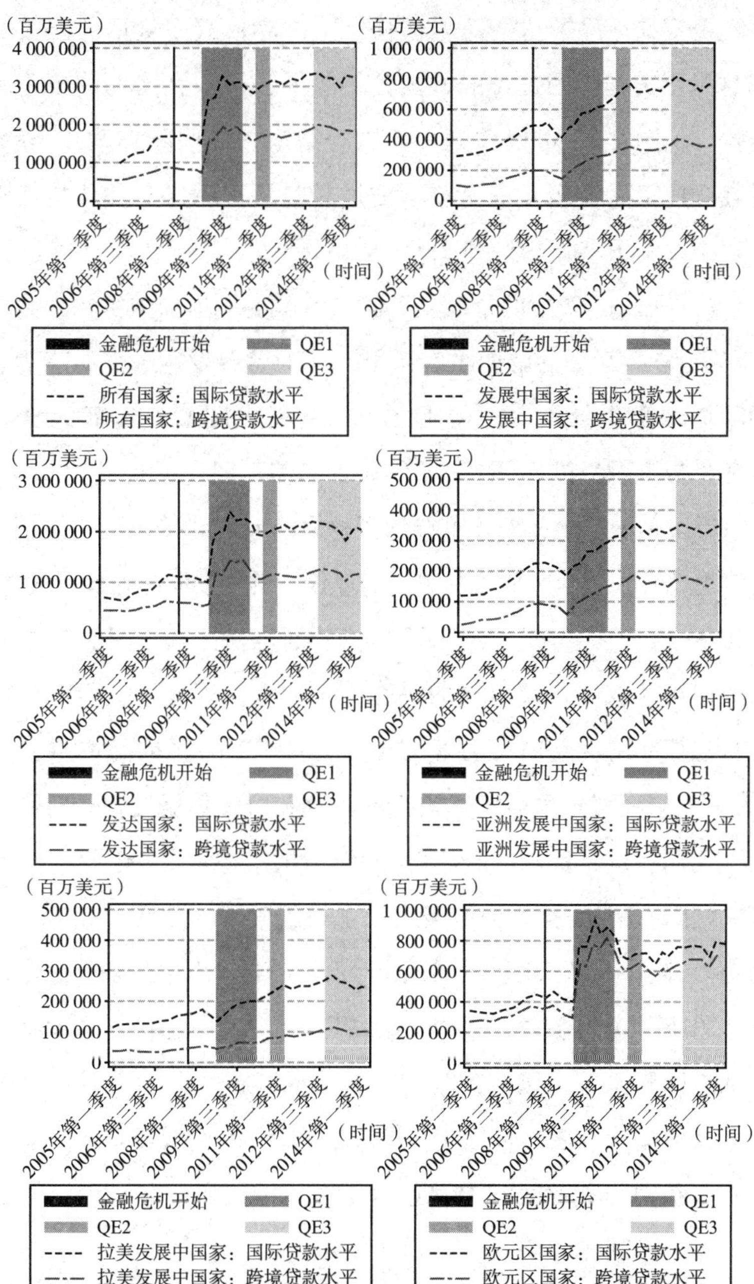

图4－1　美国大型全球银行的国际贷款和跨境贷款情况

注：图中垂直于横轴的直线标记了危机开始的时间。

称为跨境贷款。除了这些跨境债权外，国际债权还包括外国关联公司（这里指美国跨国银行的外国分行或子公司）在当地的本币和外币贷款。从图4-1可以看到，美国跨国银行的国际贷款在2008年世界金融危机后经历了一个急剧的增长过程，而这个增长与美国的量化宽松政策开始时间相吻合，从不同的分组来看，对发达国家（尤其是欧元区国家）的贷款是其国际贷款急剧增加的主要动力。但在2009年贷款水平的增加之后，2010年对这些发达国家的跨境贷款和国际贷款都有所减少。相比之下，发展中国家和地区的贷款在2008年世界金融危机后呈现稳步增长的态势。即使不能从这些简单的结果中得出美国量化宽松政策导致了这种流动性跨境外溢的结论，我们也清楚地看到了金融危机后美国商业银行的贷款向海外倾斜的趋势。

接下来，我们考察了国际资本流动的推拉因素，研究样本银行对新兴市场经济体跨境贷款的潜在决定因素。因变量是所有国际清算银行数据库中覆盖国家的每个季度对每个东道国的跨境贷款（债权）。债权规模经过国际清算银行的汇率和宏观数据调整。对于供求因素，我们将世界实际GDP增长率作为供给因素（“推”），将每个国家的实际GDP增长率作为当地的需求因素（“拉”），将VIX指数作为市场避险和不确定性的代理变量，纳入我们的基准模型中（Rey，2015）。由于这些因素之间的相关性，我们还将每个解释变量逐一加入回归方差，以衡量推力和拉力效应的大小。此外，我们还考察了其他推拉因素，包括美国TED利差、东道国经常账户余额和利率差。我们的所有回归中都包含了东道国的固定效应，以控制国家特定的不可观测特征。

我们的回归结果如表4-2所示。第（1）列至第（3）列显示了我们基准模型的结果。在整个样本期中，世界供给效应对跨国银行

表 4－2　　基准模型：国际银行资本流动的推拉效应
（季度样本，2002 年第一季度至 2015 年第三季度）

项目	被解释变量 = 跨国贷款						
	(1)	(2)	(3)	(4)	(5)	(6)	(7)
Δ% Real GDP_{t-1}	0.850 *** (−0.232)			0.373 ** (−0.156)	0.358 ** (−0.144)	0.353 ** (−0.160)	0.104 (−0.068)
VIX		−0.508 *** (−0.136)		−0.387 *** (−0.097)	−0.412 *** (−0.101)	−0.415 *** (−0.104)	−0.319 *** (−0.109)
Δ% World Real GDP_{t-1}			2.265 *** (−0.751)	1.198 * (−0.651)	1.173 * (−0.670)	1.191 * (−0.648)	1.011 * (−0.543)
U. S. TED Spread					0.805 (−1.249)		
Current Account						−0.670 ** (−0.329)	
Interest Rate Diff							0.135 (−0.176)
观测值	3 707	3 795	3 795	3 707	3 707	3 530	2 802
国家数量	69	69	69	69	69	68	64
国家固定效应	YES	YES	YES	YES	YES	YES	YES
调整 R^2	0.00717	0.0153	0.0125	0.0211	0.0209	0.0431	0.0187

注：因变量为跨境银行贷款，是指国际清算银行区域银行统计（LBS）中报告的每个东道国的跨境银行贷款，金额以十亿美元为单位。自变量为 *Δ% Real GDP*，是指各东道国每季度的实际 GDP 增长率。*VIX* 为芝加哥期权交易所每个季度的市场波动率指数，衡量市场对股票指数期权价格所传达的短期波动性的预期。*Δ% World Real GDP* 为每个季度的全世界国内生产总值增长率。*US TED Spread* 为基于美元的三月期伦敦银行同业拆借利率与三月期国债之间的利差。*Current Account* 是指每个东道国每季度的经常账户余额，以十亿美元为单位。*Interest Rate Diff* 是指每个东道国每季度的政策利率与美国联邦基金利率之间的差异。回归包括东道国固定效应。标准误差在东道国水平上进行了聚类。括号内为标准误差。***、** 和 * 分别表示在 1%、5% 和 10%（双尾）检验水平上的统计显著性。

资本流动的影响最大。*VIX* 的系数为负且显著，这与理论预测一致，即跨境资本流动与 *VIX* 负相关（Bruno and Shin，2015；Forbes and Warnock，2012；Rey，2015）。第（4）列报告了在回归中同时加入三个效应之后的结果。三个因素都对跨国银行资本流动具有显著的预测性。在第（6）列至第（8）列中，我们加入了可能影响样本中新兴市场经济体银行资本流入的其他潜在因素的结果。在给定传统推拉因素和不确定性的条件下，美国 TED 利差的系数并不显著。在具体的国家需求方面，东道国经常账户余额呈现负向且显著的结果。对于经常账户逆差（经常账户余额较低）的国家，由于资本流动的方向与引起资本流动的贸易相反，因此往往会有较高的资本流入。然而，在我们的样本中，美国和每个新兴市场经济体之间的利率差异并没有显示出理论所预测的显著结果。

除了传统的推拉因素外，我们还进一步分析了更多可能影响资本流入的国家层面变量。我们使用世界银行全球治理指标（WGI）项目数据构建的制度和治理指标。结果如表 4－3 所示。在表 4－3 第（1）列至第（6）列中，治理指标逐一进入回归。在不同的指标中，话语权和问责制、政府效能、监管质量、腐败控制等指标都显示出正向且显著的结果。换句话说，较好的东道国制度安排和社会治理会导致其他国家的跨境银行资本流入增加。在表 4－4 中，我们只包括新兴市场经济国家。结果显示，在这些新兴国家中，只有政策监管质量对银行资本流入有重要意义。由于政策监管质量反映了东道国政府制定和实施促进私营部门发展的政策和法规的能力，因此，政策监管质量的这一维度对新兴经济体的跨境银行资本流入具有重要意义并不令人奇怪。除了全样本估计外，我们还进一步考察了最近一个商业周期不同时点的推拉因素。结果如表 4－5 所示。我们将样本分为三个部分：危机前时期［第（1）列］、危机时期［第（2）列］、美联储量化宽松及之后的时期［第（3）列］。表 4－5 展示了全样本和新兴市场经济体样本的结果。世界 GDP 增长率作为推力因素的代理指标，在常规时期对所有国家的跨境银行资本流入都比较显著，而代表经济不确定性程度的 *VIX* 指数是唯一在危机时期表现出显著性的指标。同样，在量化宽松时期，推力因素对跨境资本流向新兴市场经济体很重要。

表 4－3　　　　扩展模型：制度安排效应（季度样本，2002 年第一季度至 2015 年第三季度）

项目	被解释变量 = 跨国贷款					
	(1)	(2)	(3)	(4)	(5)	(6)
VIX	-0.395*** (-0.105)	-0.409*** (-0.110)	-0.404*** (-0.108)	-0.412*** (-0.112)	-0.405*** (-0.109)	-0.401*** (-0.108)
$\Delta\%\ Real\ GDP_{t-1}$	0.311* (-0.161)	0.443** (-0.170)	0.340** (-0.152)	0.323** (-0.160)	0.384** (-0.166)	0.311* (-0.164)
$\Delta\%\ World\ Real\ GDP_{t-1}$	1.239* (-0.660)	1.114* (-0.621)	1.213* (-0.649)	1.263* (-0.665)	1.197* (-0.651)	1.247* (-0.673)
VA	0.166** (-0.075)					
PS		-0.044 (-0.053)				
GE			0.188** (-0.083)			
RQ				0.149* (-0.075)		
RL					-0.007 (-0.031)	
CC						0.119** (-0.055)
观测值	3 428	3 428	3 428	3 428	3 428	3 428
国家数量	67	67	67	67	67	67
国家固定效应	YES	YES	YES	YES	YES	YES
调整 R^2	0.0251	0.0235	0.0283	0.027	0.0229	0.0257

注：因变量为跨境银行贷款，是指国际清算银行区域银行统计（LBS）中报告的每个东道国的跨境银行贷款，金额以十亿美元为单位。自变量为 Δ% *Real GDP*，是指各东道国每季度的实际 GDP 增长率。*VIX* 为芝加哥期权交易所每个季度的波动率指数，衡量市场对股票指数期权价格所传达的短期波动性的预期。Δ% *World Real GDP* 为每个季度的全世界国内生产总值增长率。*VA* 为话语权和问责制指数。*PS* 为政治稳定和无暴力指数。*GE* 为政府效能指数。*RQ* 为监管质量指数。*RL* 为法治指数。*CC* 为控制腐败指数。回归包括东道国固定效应。标准误差在东道国水平上进行了聚类。括号内为标准误差。*** 、** 和 * 分别表示在 1%、5% 和 10%（双尾）检验水平上的统计显著性。

表 4-4 国际银行资本流动的推拉效应（新兴市场国家）（季度样本，2002 年第一季度至 2015 年第三季度）

项目	被解释变量 = 跨国贷款					
	(1)	(2)	(3)	(4)	(5)	(6)
VIX	-0.087 ** (-0.034)	-0.088 ** (-0.034)	-0.087 ** (-0.034)	-0.087 ** (-0.034)	-0.087 ** (-0.034)	-0.086 ** (-0.033)
$\Delta\%\ Real\ GDP_{t-1}$	0.07 (-0.045)	0.085 * (-0.046)	0.078 (-0.048)	0.076 (-0.048)	0.077 (-0.048)	0.072 (-0.049)
$\Delta\%\ World\ Real\ GDP_{t-1}$	0.163 *** (-0.054)	0.142 *** (-0.049)	0.155 *** (-0.054)	0.159 *** (-0.054)	0.155 *** (-0.054)	0.159 *** (-0.055)
VA	0.014 (-0.010)					
PS		-0.007 (-0.007)				
GE			-0.006 (-0.010)			
RQ				0.009 * (-0.005)		
RL					-0.001 (-0.011)	
CC						0.010 (-0.009)
观测值	1 816	1 816	1 816	1 816	1 816	1 816
国家数量	36	36	36	36	36	36
国家固定效应	YES	YES	YES	YES	YES	YES
调整 R^2	0.0253	0.0252	0.0248	0.0252	0.0246	0.0253

注：回归样本限制在新兴市场国家。因变量为跨境银行贷款，是指国际清算银行区域银行统计（LBS）中报告的每个东道国的跨境银行贷款，金额以十亿美元为单位。自变量为 *Δ% Real GDP*，是指各东道国每季度的实际 GDP 增长率。*VIX* 为芝加哥期权交易所每个季度的波动率指数，衡量市场对股票指数期权价格所传达的短期波动性的预期。*Δ% World Real GDP* 为每个季度的全世界国内生产总值增长率。*VA* 为声音和责任指数。*PS* 为政治稳定和无暴力指数。*GE* 为政府效能指数。*RQ* 为监管质量指数。*RL* 为法治指数。*CC* 为控制腐败指数。回归包括东道国固定效应。标准误差在东道国水平上进行了聚类。括号内为标准误差。***、** 和 * 分别表示在 1%、5% 和 10%（双尾）检验水平上的统计显著性。

表4-5　　扩展模型：制度安排效应（量化宽松时期）
（季度样本，2002年第一季度至2015年第三季度）

项目	被解释变量=跨国贷款					
	全样本			新兴市场国家		
	危机前	危机	QE	危机前	危机	QE
	(1)	(2)	(3)	(4)	(5)	(6)
Δ% *Real* GDP_{t-1}	-0.247 (-0.292)	-0.106 (-0.520)	0.252* (-0.142)	0.045** (-0.017)	0.049 (-0.124)	0.039 (-0.037)
VIX	-0.230 (-0.142)	-0.668*** (-0.132)	-0.405*** (-0.088)	-0.023 (-0.014)	-0.184*** (-0.059)	-0.132** (-0.062)
Δ% *World Real* GDP_{t-1}	2.440** (-0.978)	1.615 (-1.309)	0.342 (-0.383)	0.360*** (-0.116)	0.127 (-0.224)	0.192** (-0.088)
观测值	1 587	482	1 669	828	251	844
国家数量	69	69	69	36	36	36
国家固定效应	YES	YES	YES	YES	YES	YES
调整 R^2	0.019	0.0497	0.0218	0.0506	0.155	0.0357

注：因变量为跨境银行贷款，是指国际清算银行区域银行统计（LBS）中报告的每个东道国的跨境银行贷款，金额以十亿美元为单位。自变量为Δ% *Real GDP*，是指各东道国每季度的实际GDP增长率。*VIX* 为芝加哥期权交易所每个季度的波动率指数，衡量市场对股票指数期权价格所传达的短期波动性的预期。Δ% *World Real GDP* 为每个季度的全世界国内生产总值增长率。回归包括东道国固定效应。标准误差在东道国水平上进行了聚类。括号内为标准误差。***、**和*分别表示在1%、5%和10%（双尾）检验水平上的统计显著性。

综上所述，实证分析结论显示：（1）供给或推动因素和 *VIX* 指数对新兴市场经济体的跨境银行资本流入影响较大，尤其是在2008年世界金融危机后；（2）银行资本流动还取决于东道国的部分制度因素和政府治理水平；（3）*VIX* 指数仍然是除全球推动和区域拉动因素外决定跨境银行资本流动的重要指标。在我们的样本中，*VIX* 指数几乎在所有子样本中都与发展中国家银行资本流入的波动呈显著负相关。

4.5 来自银团贷款的证据

在本节的研究中，我们试图衡量美国大型全球银行跨境贷款的决定因素。通过银团贷款层面数据，我们能够观察到每家全球银行跨境贷款的完整信息。更具体地说，我们首先看美国大型银行控股公司在不同时期的跨境贷款的地域分布，然后我们将重点研究这些银行控股公司跨境贷款行为的银行层面决定因素。

为了得到银团贷款金额的国别占比，我们首先将全样本期分为四个时期，分别为危机前（2002 年第一季度至 2007 年第三季度）、危机中（2007 年第四季度至 2009 年第二季度）、量化宽松（2008 年第四季度至 2014 年第四季度）和量化宽松后（2015 年第一季度至 2015 年第三季度）时期。由于各期时间长度差异较大，我们将各目的国的跨境银团贷款金额按各期的季度数进行标准化处理。下一步，我们根据四个样本期美国跨境银团贷款的地理分布情况，分析各目的国在各期贷款总额中所占的份额。在危机前和危机中我们观察到明显的金融危机期间的“回撤”效应。与德哈斯和范霍伦（2012）的研究结果类似，美国全球银行减少贷款的程度在东道国之间存在很大的差异性。例如，我们发现，与其他发达国家或发展中国家相比，东亚和太平洋地区以及非洲的一些国家在金融危机期间经历了更多跨境贷款的减少。量化宽松时期，这些地区的跨境银团贷款进一步缩减，而北美、欧元区和南美的贷款份额与危机前相比保持在相似的水平。为了进一步探讨新兴市场经济体的贷款波动情况，我们对发展中国家各时期的贷款份额也进行了类似的分析。在 2008 年世界金融危机期间，东亚、中亚和非洲的大部分发展中国家的信贷流入量显著减少，而东欧和南美国家在美国银行银团贷款中的份额变化不大。在量化宽松时期，美国银行业的流动性外溢在墨西哥、俄罗斯、南非、土耳其等国家也比较明显。从美国银团贷款的这些地域格局中，我们证实了一个事实，即美国对新兴市场的跨境贷款的缩减和回流，对所有国家来说都不是同质的。

接下来，我们进一步研究了可能影响银行跨国贷款决策的各类银行层面的特征。具体而言，我们检验了某些类型的全球银行是否更有可能在经济状况和货币政策变化时增加跨国信贷。结果如表 4 - 6 所示。我们对每个贷款参与方的贷款额度计算采用了不同的规则。50 - 50 规则将 50% 的银团贷款额度分配给牵头人，50% 分配给其他参与者；而等额规则则简单地将银团贷款额度平均分配给所有贷款人。第（7）列和第（8）列显示了全样本回归的结果。与理论相符，银行的流动性水平和总资产是跨境贷款的两个显著决定因素。我们还对不同时期的银行层面变量进行了检验。第（1）列和第（2）列的结果显示，除了资产规模和流动性水平外，不良贷款率和贷款总额也与跨境贷款正相关。在危机期间，如果从第（3）列和第（4）列的系数大小来看，流动性是银行对外贷款的一个比较重要的指标。在量化宽松时期，流动性对银行跨国贷款的决定作用不再显著。但是，我们发现，银行的资本充足率在银行的跨国贷款决策中起着更重要的作用。该结果与福布斯等（Forbes et al.，2016）的研究结果一致。他们的研究表明，即使在量化宽松期间银行受到正向的流动性冲击，根据《巴塞尔协议Ⅲ》宏观审慎框架下的资本充足率要求也倾向于使银行减少跨国贷款。在这个时期，资本充足率成为除资产规模外影响全球银行跨国贷款的唯一重要因素。

表 4-6　　银行层面的结果：分样本回归（2002 年第一季度至 2015 年第三季度）

项目	被解释变量 = 跨国贷款							
	危机前		危机中		QE		全样本	
	50-50 规则	等额规则	50-50 规则	等额规则	50-50 规则	等额规则	50-50 规则	等额规则
	(1)	(2)	(3)	(4)	(5)	(6)	(7)	(8)
Liquidity Ratio	4.543 ** (1.999)	4.516 ** (1.891)	5.226 ** (2.100)	4.630 ** (2.073)	1.798 (1.471)	1.527 (1.443)	2.746 * (1.513)	2.542 * (1.456)
Capital Ratio	-0.046 (0.040)	-0.045 (0.039)	-0.038 (0.027)	-0.034 (0.026)	0.041 * (0.022)	0.038 * (0.020)	0.022 (0.019)	0.020 (0.019)
NPL Ratio	1.008 ** (0.379)	0.906 ** (0.366)	0.588 * (0.290)	0.493 * (0.276)	0.053 (0.158)	0.033 (0.158)	0.141 (0.153)	0.116 (0.152)
ROE	0.617 (4.046)	0.616 (4.039)	0.112 (3.246)	-0.248 (3.192)	-0.449 (0.743)	-0.467 (0.737)	0.050 (0.775)	0.010 (0.759)
ΔlogLoan	4.494 ** (1.750)	4.077 ** (1.645)	0.892 (0.978)	0.721 (0.986)	0.343 (1.530)	0.162 (1.479)	1.030 (1.184)	0.804 (1.124)
logAssets	0.824 *** (0.198)	0.786 *** (0.190)	0.524 ** (0.201)	0.545 *** (0.191)	0.920 *** (0.182)	0.908 *** (0.178)	0.882 *** (0.170)	0.859 *** (0.162)
样本数量	259	259	85	85	351	351	672	672
银行数量	30	30	26	26	35	35	42	42
调整 R^2	0.698	0.691	0.660	0.656	0.610	0.604	0.621	0.617

注：因变量为跨境贷款，是指每个银行控股公司每季度在银行层面的跨境银团贷款数额（对数）。50-50 规则将 50% 的贷款额度分配给牵头人，50% 在其余参与者之间分配；等额规则将贷款额度在所有银行之间平均分配。自变量为 *Liquidity Ratio*，是滞后一期的流动资产和现金对总资产的比率。*Capital Ratio* 为滞后一期的资本充足率。*NPL Ratio* 为滞后一期的不良贷款率。*ROE* 为滞后一期的净收入与总股本比率。Δlog*Loan* 为贷款总额对数的一阶差分。log*Assets* 为滞后一期的总资产自然对数。标准误差在银行层面上进行了聚类。括号内为标准误差。***、** 和 * 分别表示在 1%、5% 和 10%（双尾）检验水平上具有统计学意义。

4.6 结论

全球银行在跨国货币政策传导中的潜在影响在现有文献中有一些记载，特别是全球银行在 2008 年世界金融危机中的作用。不过，对于国际银行跨境资本流动的决定因素，仍然需要从东道国的需求侧和世界银行业信贷供给侧两个方面进行更多的研究。本章在一个较为全面的框架下研究这些因素，以填补这一空白。同时，从接受国的角度来看，全球银行的存在对全球信贷供给既有积极的影响，也有消极的影响。从积极的方面看，全球贷款市场为各国尤其是新兴市场国家提供了支持其发展的信贷资金；从负面效果看，跨境贷款的顺周期性（如跨国资本流动的“回撤”和“扩张”效应）使新兴市场的信贷供应非常不稳定，可能成为东道国商业周期的“放大器”。

在本章中，我们试图解释以下几方面的问题。首先，我们感兴趣的是哪些国家层面的特征决定了跨国银行资本的流入。我们发现，在决定危机中和危机后时期的跨境贷款方面，东道国的需求因素不如世界供给因素和不确定性指标重要。除了传统的经济因素外，特定的国家制度和政府效率变量也可能影响跨国银行资本流入。其次，我们利用银团贷款的微观数据展示了跨国银行贷款的地域分布。美国全球银行业资本流动在危机前后的缩减和激增，在不同国家，特别是在新兴市场经济体中呈现出很强的异质性。最后，我们在银行层面的分析结果显示，流动性和资本充足率都是全球银行进行跨国信贷的重要决定因素。流动性在非危机时期往往更为重要，而在量化宽松时期，当流动性约束对大多数银行没有约束力时，资本充足率则变得至关重要。同时，美国第二轮和第三轮量化宽松政策也可能存在流动性的跨国溢出效应，因为全球银行在这些时期的跨国贷款相比国内贷款有所增加。因此，本章研究的结论从另一个角度证明了美国宽松货币政策通过传统信贷渠道的全球溢出效应。

第 5 章

货币政策传导与宏观审慎政策

5.1 引言

2008 年世界金融危机后，为了降低金融顺周期行为和跨市场风险传染对宏观经济和金融稳定造成的冲击，防范系统性风险，各国央行和监管当局开始着手构建宏观审慎监管框架。自 2016 年起，中国人民银行建立了宏观审慎评估体系，从资本、杠杆率、流动性等方面对金融机构开展宏观审慎评估，党的十九大报告更是明确提出要健全货币政策和宏观审慎政策“双支柱”调控框架。从全球范围来看，政策界和学术界都较为关注宏观审慎政策与货币政策的协调性问题。以往对二者关系的研究，主要从资本监管和逆周期监管角度出发，而对宏观审慎监管的另一个重要方面——流动性监管的关注相对较少。

商业银行通过存贷款期限错配向经济提供流动性，然而商业银行这种脆弱的资产负债结构也蕴含着流动性风险。最近一二十年多次发生的银行倒闭事件和金融危机表明，金融机构的破产往往不是由于真正资不抵债，而是陷于流动性危机，且流动性危机又极易诱发系统性风险。因此，流动性风险是悬于每一家商业银行头上的“达摩克利斯之剑”。2007～2008年美国的金融危机演化历程生动展示了从机构的流动性风险到系统性风险的转化过程。鉴于此，巴塞尔委员会在2008年世界金融危机后对原有的巴塞尔协议进行修订，将流动性风险的标准、计量和监测列入《巴塞尔协议Ⅲ》中，作为宏观审慎政策框架的重要组成部分。其中包含两个核心指标：一是流动性覆盖率（liquidity coverage ratio，LCR），旨在确保商业银行在设定的严重流动性压力情景下，能够保持充足的、无变现障碍的优质流动性资产，并通过变现这些资产来满足未来30日的流动性需求；二是净稳定资金比例（net stable funding ratio，NSFR），旨在针对商业银行中长期期限错配风险进行监测和控制。根据《巴塞尔协议Ⅲ》标准实施进度，流动性监管框架最迟应于2019年初全面实施。净稳定资金比例指标作为银行业流动性监管新规的重要新增环节，是宏观审慎监管框架中不可或缺的组成部分。[①] 根据《巴塞尔协议Ⅲ》最终标准，净稳定资金比例被定义为可用的稳定资金（available stable funding，ASF）与所需的稳定资金（required stable funding，RSF）之比。其中，ASF反映了金融机构融资渠道的稳定性特征，可通过资产负债表的权益及负债项目进行加权计算；RSF反映了金融机构在表内外资产和相关业务经营活动中的融资需求总和，可通过资产负债表的资产项目和表外相关项目进行加权计算。

---

① 流动性覆盖率指标着眼于短期（30天以内）流动性监管目标，不适用于商业银行中长期资产负债结构调整分析，且数据可得性较低，故本章以净稳定资金比例作为流动性监管的代表指标进行研究。

随着近几年金融改革和“去杠杆”过程的不断深化，流动性风险已成为中国经济金融平稳运行的一个突出问题。为了提升商业银行的流动性管理水平，中国银行保险监督管理委员会（以下简称“银保监会”）从2012年起对中国商业银行的流动性监管指标设定了为期五年的过渡期。2018年5月，银保监会发布《商业银行流动性风险管理办法》，该办法的核心内容是引入三个量化指标监管流动性风险，其中，资产规模在2 000亿元（含）以上的商业银行应在2018年7月1日前达到净稳定资金比例最低监管要求。自净稳定资金比例监管要求实施以来，我国商业银行的流动性管理能力持续提升，为近年来我国银行业的稳健运行打下了坚实的基础。流动性监管对我国商业银行的资产负债结构具有很强的约束力。流动性监管新规的落地不仅对防范商业银行的流动性风险具有积极意义，稳健的资产负债结构也是货币政策传导渠道保持畅通的重要保障。长期以来，信贷传导渠道在我国货币政策传导中发挥着重要的作用。贷款是我国商业银行资产结构中最重要的组成部分，商业银行调整信贷资产的规模与结构也是管理流动性的重要手段。那么，商业银行是否通过资产结构调整行为管理流动性水平？商业银行的资产结构调整行为是否影响货币政策信贷传导渠道的效率？对于这些问题的探索将有助于理解宏观审慎政策与货币政策之间的协调关系。

本章理论模型的构建主要受到净稳定资金比例指标设计理念的启发，将影响净稳定资金比例的结构因素纳入传统理论模型中，从而刻画出两种商业银行的流动性管理行为对货币政策信贷传导渠道的影响及其传导路径。在此基础上，本章采用我国50家商业银行2012年第一季度至2018年第二季度面板数据对该影响进行了实证检验。主要结论是：流动性监管试运行以来，商业银行的经营效率与稳定性有所增强，且货币政策信贷传导渠道仍然有效。商业银行调整信贷资产结构的行为，在提高净稳定资金比例水平的同时，能够显著提升货币政策信贷渠道传导效率，但调整非信贷资产结构的行为则会对货币政策信贷渠道传导效率造成影响。我们还发现，部分净稳定资金比例较低的股份制商业银行和城市商业银行，调整非信贷资产结构的行为更为普遍。

本章的学术贡献在于，我们通过理论建模与实证研究，从微观视角揭示了银行流动性管理行为与货币政策传导效率之间的关系，这是宏观审慎与货币政策协调性研究的一个重要子课题。以往不少文献通过复杂理论模型来刻画宏观审慎政策与货币政策的关系，但模型的设定相对抽象，难以捕捉金融机构的微观行为；研究银行流动性的相关文献，也多聚焦于银行流动性对商业银行风险承担等问题的影响，而不是银行对货币政策反应的敏感程度（本章中界定为“货币政策传导效率”）；对银行流动性管理行为的探讨，也有助于我们理解净稳定资金比例指标的设计理念与作用机理。由于商业银行对外披露的数据较少，目前我们对银行行为描述的还不够精确。面对宏观审慎政策，银行会采取什么行为，这些行为又会产生哪些效果，还是目前欠缺的研究问题。本章从微观经济主体的行为出发，希望揭开金融机构行为和货币政策信贷传导渠道的“黑箱”（Bernanke and Gertler，1995），加深我们对宏观审慎政策与货币政策协调问题的理解。

5.2 文献回顾

宏观审慎监管理念在2008年世界金融危机以来为各国监管当局

普遍认同，各国也逐步构建起微观审慎基础上的宏观审慎框架，以维护金融体系的稳定。大量研究表明，宏观审慎政策与货币政策在防范系统性风险与调节金融失衡方面互为有益补充（Borio and White，2004；Kannan et al.，2012；易纲，2018），但在政策实践中仍要关注宏观审慎政策与货币政策的协调性问题（Borio and Zhu，2012；Acharya and Naqvi，2012；王爱俭和王璟怡，2014；方意，2016；陈雨露，2019）。现有文献对宏观审慎政策与货币政策协调性的探究大多基于复杂宏观模型，对两种政策之间的微观机制关注较为有限。本章尝试通过研究商业银行微观行为的潜在影响，探讨宏观审慎政策与货币政策协调的内在机理。

5.2.1 货币政策信贷渠道的提出及其影响因素

对货币政策传导机制的研究开始于20世纪70年代，伯南克和盖特勒（1995）曾将货币政策传导机制称为“黑箱”，也表明了货币政策传导机制的复杂性。长期以来，经济学家对货币政策作用机理主要持货币观点，即货币政策传导的利率渠道：紧缩的货币政策提升利率水平，造成利率敏感的投资下降，从而降低宏观经济产出（Mishkin，1995）。然而，仅依靠货币和债券权衡的利率渠道并不能完整解释货币政策的宏观经济传导，也并未揭示货币政策的作用范围、推出时机及作用力度对实体经济的实质影响。因此，伯南克和布林德（1988）重新审视了银行贷款在货币政策传导中的角色，提出了货币政策传导的信贷渠道。从广义上来说，货币政策传导的信贷渠道也可看作资产负债表渠道，因为它强调了银行资产负债表的约束作用。考虑货币、债券和贷款三种资产组合的信贷传导渠道则对传统的利率渠道进行了微观意义上的补充，也揭示了货币政策与微观主体——银行之间的传导渠道与互动反馈关系。货币政策的信贷渠道提出以来，国内外学者通过理论模型和实证研究对信贷渠道的存在性进行了大量研究。研究结果表明，无论采用宏观加总数据（Bernanke，1990；周英章和蒋振声，2002）还是微观银行层面数据（Kashyap and Stein，1995；刘书祥和吴昊天，2013），货币政策传导的信贷渠道都显著存在。

在货币政策信贷传导渠道的存在性得到基本证明之后，国内外学者开始探讨影响货币政策信贷渠道传导效率的关键因素，并尝试为这些发现提供合理解释。早期对货币政策信贷传导渠道的实证研究大多基于宏观加总数据，无法区分供给侧和需求侧对银行信贷行为的影响，因而基于银行层面数据展开实证研究更为合理（Kashyap and Stein，2000）。基于美国银行层面数据的实证研究表明，银行规模、流动性和资本状况等因素在货币政策的银行贷款传导渠道中扮演着重要角色（Kishan and Opiela，2000；Gambacorta，2005）。一般来说，银行规模越大、流动性水平越高、资本充足状况越好，银行信贷供给对货币政策敏感性越低。然而，这一结论在其他国家或地区并未达成共识。埃尔曼等（Ehrmann et al.，2001）对欧洲银行业的实证研究表明，流动性较差的银行对货币政策的反应更为敏感，而银行规模及资本状况不会影响银行信贷对货币政策的反应敏感度，其可能原因在于，不同国家具有不同的金融制度安排，如存款保险制度、政府隐性担保等制度安排都会造成某些银行特征变量不会引起投资者改变风险预期，也就不会引起外部融资成本的变化。徐明东和陈学彬（2011）对中国微观银行特征在信贷传导渠道中的作用进行了较为全面的检验。实证研究结果表明，流动性充裕的大型银行的信贷行为更易受到资本充足状况的影响，而中小银行则更多地受到流动性水平的制约。此外，也有实证研究表明，银行资产证券化业务发展（Altunbas et al.，2009）、银行全球化程度（Cetorelli and Goldberg，2012）、银行治理状况（曹廷求和朱博文，2013）以及银行业市场结构（董华平和干杏娣，2015）等因素也会影响货币政策信贷传导效率。

5.2.2 商业银行流动性管理对货币政策信贷渠道的影响机制

尽管不同国家和地区对流动性在货币政策信贷传导渠道中的作用结论不一，但毫无疑问的是，国内外学者都认可银行流动性在货币政策信贷传导渠道中扮演着重要角色。伍德福德（Woodford，2010）在总结传统信贷传导渠道理论时，将银行面临存款准备金约束作为银行信贷传导渠道有效的前提条件。传统理论认为，银行面临存款准备金约束，货币政策变化造成存款规模变化，进而使银行面临流动性压力，是银行信贷调整行为产生的原因。然而，有研究在对信贷传导渠道进行再审视时指出，银行可以通过批发融资来满足其流动性需求，且银行贷款创造并不需要提前持有相应的存款，因而货币政策冲击导致的存款规模变化不会必然造成银行信贷行为的改变（Disyatat，2011）。现代观点认为，信贷渠道通过货币政策影响银行外部融资成本而实现，而银行外部融资成本高低取决于资产负债表张力[①]和投资者对银行风险的预期。实际上，这两种作用机

① 资产负债表张力概念出自卡什雅普和斯坦（2000），他们将资产负债表张力定义为“（证券资产＋联邦基金）/总资产”，作为测度银行流动性状况的变量。当银行面临外部融资冲击时，持有较多流动性资产的银行能够为其继续开展信贷活动提供缓冲，因而资产负债表更具张力。

制在国外研究中均得到了验证。

第一，资产负债表张力与资产结构转换。在外部融资存在摩擦的情况下，流动性资产的持有能够帮助银行调剂资金余缺，保持最优资产组合结构。正如卡什雅普和斯坦（2000）、甘巴科尔塔（Gambacorta，2005）所指出的，当央行采取紧缩型货币政策时，流动性较高的银行可以减少流动性资产持有以保有信贷组合，因而其信贷供给受货币政策影响较小。流动性监管通过对资产负债项目匹配施加约束，相当于更为严格的资产负债表约束。这一方面影响了银行资产结构转换的行为；另一方面也对银行外部融资规模提出了要求。流动性监管对货币政策信贷渠道是否产生影响，取决于商业银行资产结构的调整和不同流动性水平资产之间的转换，如商业银行将贷款等低流动性资产替换为政府债券等高流动性资产，则会造成信贷规模下降（Bonner and Eijffinger，2016），而银行将短期银行间贷款替换为高流动性资产则不会对银行信贷规模造成影响（Banerjee and Mio，2018）。

第二，信息不对称与外部融资成本。与资产规模、资本充足状况等银行微观特征类似，银行具有良好的流动性状况就意味着银行资产负债表稳健程度较高。这有助于减少因信息不对称而造成的金融摩擦并影响外部投资者对银行的风险预期，进而影响银行外部融资成本或外部资金可获得性，从而对银行信贷行为形成制约（Bernanke and Blinder，1992）。该影响机理在市场化程度较高、市场约束有力的国家作用更为明显。流动性监管作为衡量商业银行流动性水平的重要指标，银行是否符合监管要求对于外部投资者对银行风险预期的形成至关重要。一般来说，信息不对称程度越低、银行外部融资成本越低，该银行信贷行为受货币政策冲击的影响就越小。

吉奥达纳和舒马赫（Giordana and Schumacher，2013）采用银行优化模型进行数据模拟发现，期限错配程度较高的中小银行，其贷款行为受货币政策冲击影响较大；而流动性水平较高的大型银行，货币政策传导的信贷渠道无效。

相比之下，国内学者虽有探讨商业银行流动性对货币政策信贷传导渠道的影响（李明辉等，2016；庞晓波和钱锟，2018），但几乎不涉及微观作用机制的研究。李元和王擎（2018）探讨了存贷比对货币政策信贷传导的潜在影响。钟文琴（2015）将政府证券占总资产的比重定义为商业银行面临的流动性约束对银行的信贷行为进行理论建模，并采用流动性比例和NSFR作为银行流动性衡量指标进行了实证检验，结果表明，商业银行流动性水平越高，其贷款行为对货币政策的敏感性越低。何雅婷（2017）采用测算的LCR与NSFR数据进行实证研究发现，商业银行流动性水平的提高会抑制贷款增长率。但是，现有相关研究还存在以下三方面的局限之处：其一，现有文献仅从实证数据上验证了商业银行流动性对货币政策信贷传导的影响，缺乏对流动性影响货币政策传导的微观机制研究；其二，部分文献将NSFR指标与传统流动性指标等同起来考虑，并未揭示流动性监管指标的设计意图和监管逻辑；其三，现有研究对实证结果的解释大多基于信息不对称和外部融资成本机制，这一机制在市场约束作用有限、银行特征信号作用不强的中国很难成立。相比之下，对资产负债表约束与资产结构调整的机制研究关注较少。

鉴于此，本章基于现有研究成果，尝试通过理论建模刻画商业银行流动性管理行为对货币政策信贷传导的作用机制，并通过实证研究揭示我国商业银行近年来采取的主要流动性管理方式及其影响，以期从微观视角为宏观审慎监管与货币政策的协调提供有益经验。

5.3 理论模型

5.3.1 理论假设

借鉴皮克和罗森格伦（1995）、基尚和奥佩拉（2000）的模型设置，本章将资本充足率和净稳定资金比例约束加入模型。考虑一个简化的银行资产负债表，资产方包括贷款（L）、证券投资（SEC）、准备金存款（RR），负债方仅包括存款（DD），权益资本为K，满足基本的资产负债表约束：

$$RR + SEC + L = DD + K \tag{5.1}$$

假设存款准备金RR仅包括法定存款准备金，与存款总额呈固定比例：

$$RR = \rho DD, 0 < \rho < 1 \tag{5.2}$$

假设存款由外生需求决定，仅与存款基准利率相关，商业银行没有控制存款规模的能力：

$$DD = a_0 + a_1 r_b, r_b \text{为存款基准利率}, a_1 > 0 \tag{5.3}$$

银行持有证券投资的数额取决于资产负债表约束和净稳定资金比例要求，证券投资也可为负值，表示银行从外部渠道融资，因此证券投资也是银行应对流动性冲击的资金来源之一。银行贷款简化为关于贷款利率的函数，贷款供应量由银行控制，随着贷款利率的上升，贷款规模会增加：

$$L = b_0 + b_1(r_l - \bar{r_l}) \tag{5.4}$$

其中，$\bar{r_l}$ 为贷款基准利率，$b_1 > 0$。

同时，权益资本 K 应满足资本充足率要求，在简化资产负债表下，资本充足率要求权益资本不低于风险加权资产（由贷款和证券投资构成）的固定比例 θ，如式（5.5）所示。一般来说，资本充足率要求 θ 设定在8%，σ^l 和 σ^s 分别表示贷款 L 和证券投资 SEC 的风险权重，由于贷款资产的信用风险显著高于证券投资资产，因而两类风险资产的风险权重满足 $\sigma^l > \sigma^s$。

$$K \geqslant \theta(\sigma^l L + \sigma^s SEC), 0 \leqslant \sigma^s < \sigma^l \leqslant 1 \tag{5.5}$$

为简化经济系统中利率结构间的关系，本章将贷款基准利率、证券投资平均收益率假定为关于存款基准利率的线性函数，其中 $\phi > 0$。

$$\bar{r_l} = e_0 + \phi r_b \tag{5.6}$$

$$\bar{r_s} = g_0 + \phi r_b \tag{5.7}$$

5.3.2 理论模型与推导

银行是利润最大化的个体，其利润函数为：

$$\pi = r_l L + \bar{r_s} SEC - r_b DD \tag{5.8}$$

银行面临着资产负债表约束、资本充足率约束和流动性约束三种约束，并在这些约束下进行贷款规模 L 与证券投资 SEC 的权衡选择，以追求利润最大化。其中，资产负债表约束如式（5.1）所示，资本充足率要求如式（5.5）所示。

流动性约束的设置借鉴净稳定资金比例的监管要求。按照《巴塞尔协议Ⅲ》净稳定资金比例的测算要求，本章引入银行资产负债内部结构参数 ω_1、ω_2、ω_3，分别定义为存款、信贷资产、非信贷资产的加权平均折算因子。三种结构参数可通过 NSFR 测算要求中存款、信贷资产、非信贷资产项目的细分项目及其相应折算因子的乘积之和与该项目总规模的比值计算得到：

$$\omega_1 = \frac{\sum_{i=1}^{m} \omega_{1,i} DD_i}{DD}, \omega_2 = \frac{\sum_{i=1}^{n} \omega_{2,i} L_i}{L}, \omega_3 = \frac{\sum_{i=1}^{k} \omega_{3,i} SEC_i}{SEC} \quad (5.9)$$

其中，m、n、k 分别表示 NSFR 测算要求的存款、信贷资产、非信贷资产的细分项目数量；DD_i、L_i、SEC_i 表示存款、信贷资产、非信贷资产项目中第 i 个细分子项目；$\omega_{1,i}$、$\omega_{2,i}$、$\omega_{3,i}$分别表示该细分子项目对应的折算因子。根据《巴塞尔协议Ⅲ》净稳定资金比例的测算要求可知，NSFR 折算因子取值均应介于 0 ~ 100%，权益资本 K 对应的折算因子为 100%。按照现行监管要求，商业银行的净稳定资金比例应满足不低于 100% 的最低监管要求，即：

$$NSFR = \frac{100\% \times K + \sum_{i=1}^{m} \omega_{1,i} DD_i}{\sum_{i=1}^{n} \omega_{2,i} L_i + \sum_{i=1}^{k} \omega_{3,i} SEC_i} = \frac{K + \omega_1 DD}{\omega_2 L + \omega_3 SEC} \geqslant 100\% \quad (5.10)$$

为简化计算，本章借鉴缺口概念将上述约束转化为线性约束：

$$K + \omega_1 DD - \omega_2 L - \omega_3 SEC \geqslant 0 \quad (5.11)$$

由于流动性约束是对资产负债项目按照资金稳定程度进行调整加权，该约束紧于资产负债表约束，因此在求解中我们仅需考虑资本充足率约束及流动性约束下的银行利润最大化问题即可。在式（5.5）和式（5.11）下求解利润函数最大化的一阶条件，可以得到银行的最优贷款规模，将最优贷款规模对基准利率求导可得：①

$$\frac{\partial L}{\partial r_b}=-\frac{b_1\phi}{2}\left[1+\frac{\theta\sigma^l-\omega_2}{\omega_3-\theta\sigma^s}\right]<0 \tag{5.12}$$

式（5.12）对结构参数 ω_2、ω_3 进一步求导可得：

$$\frac{\partial^2 L}{\partial r_b\partial\omega_2}=\frac{b_1\phi}{2(\omega_3-\theta\sigma^s)}>0 \tag{5.13}$$

$$\frac{\partial^2 L}{\partial r_b\partial\omega_3}=-\frac{(\omega_2-\theta\sigma^l)b_1\phi}{2\left(\omega_3-\theta\sigma^s\right)^2}<0 \tag{5.14}$$

5.3.3 模型含义与实证假设

1. 货币政策传导效率的衡量

商业银行信贷规模及结构调整是货币政策传导的重要一环。由于基准利率由央行货币政策决定，因而模型中将基准利率作为货币政策松紧的代理变量。如式（5.12）所示，商业银行信贷规模与货币政策方向呈现反向关系，即$\frac{\partial L}{\partial r_b}<0$。一般来说，当基准利率上调、货币政策紧缩时，商业银行会收缩贷款规模；当基准利率下调、货币政策扩张时，商业银行会扩张信贷规模。商业银行信贷规模对于

---

① 由于我们假设贷款基准利率是存款基准利率的线性函数，故模型中基准利率统一用存款基准利率表示。根据本章 NSFR 的折算因子设定，不难得到 $65\%\leqslant\omega_2\leqslant100\%$、$\theta\leqslant\omega_3\leqslant100\%$。由此可以得到 $\theta\sigma^l-\omega_2\geqslant\sigma^l-1$、$\omega_3-\theta\sigma^s\leqslant1-\theta\sigma^s$，进一步有 $1+\frac{\theta\sigma^l-\omega_2}{\omega_3-\theta\sigma^s}\geqslant1+\frac{\theta\sigma^l-1}{1-\theta\sigma^s}=\frac{\theta\left(\sigma^l-\sigma^s\right)}{1-\theta\sigma^s}>0$，从而可判定式（5.12）的符号。又有 $\omega_2-\theta\sigma^l>0$、$\omega_3-\theta\sigma^s>0$，从而可判定式（5.13）和式（5.14）的符号。囿于篇幅，本章省略了部分中间推导过程。

货币政策的反应敏感程度$\frac{\partial L}{\partial r_b}$决定了货币政策信贷传导渠道的效率。商业银行信贷规模对货币政策变动的反应越敏感，货币政策信贷传导渠道就越通畅；反之，若商业银行信贷规模对货币政策变动不作反应，那么货币政策信贷传导渠道将会失灵。因此，本章将商业银行信贷规模对于货币政策的反应敏感程度定义为货币政策信贷传导渠道的效率（以下简称“货币政策传导效率”），货币政策传导效率取决于$\frac{\partial L}{\partial r_b}$绝对值的大小：在$\frac{\partial L}{\partial r_b}$小于零的情况下，$\frac{\partial L}{\partial r_b}$绝对值越大，货币政策传导效率越高。鉴于此，本章提出如下假设。

H1：货币政策的信贷传导渠道在我国显著存在。商业银行贷款规模会对基准利率变动作出负向反馈，即$\frac{\partial L}{\partial r_b}<0$。

2. 商业银行的资产结构调整行为与流动性管理

为了管理商业银行的长期流动性水平，商业银行可采取两种资产调整方式。第一种是传统的资产结构调整方式，即信贷资产与非信贷资产之间的比例转换。从 NSFR 计算方法来看，非信贷资产的平均权重设定低于信贷资产，因而调减信贷资产比例，转而调增非信贷资产占比，有助于商业银行长期流动性水平的提高。第二种调整方式受到 NSFR 指标设计理念的启发。从 NSFR 指标的构成来看，商业银行若不改变信贷资产与非信贷资产的比例结构，仅依靠调整信贷资产内部结构和非信贷资产内部结构，同样能够实现银行长期流动性水平的提升。在本章的模型设定下，ω_1、ω_2、ω_3 不仅与监管测算要求有关，也与银行的资产负债调整决策有关：根据 NSFR 测算中的折算因子假设，存款总额中若较长期限的稳定存款占比较高，

则 ω_1 也将增加，但由于存款仅决定于存款需求，并不能完全由银行所控制，所以本章中 ω_1 设定为固定值；贷款总额中抵押类贷款、较为短期贷款所赋予的折算因子较低，因而当其占比增加时，ω_2 将相应下降；证券投资中现金及同业资产同样被赋予较低折算因子，因而当其占比增加时，ω_3 将相应下降。因而，在信贷资产与非信贷资产比例保持稳定的情况下，我们可以将 ω_2、ω_3 作为银行调整信贷资产内部结构、非信贷资产内部结构的行为参数，银行通过下调信贷资产内部结构 ω_2、非信贷资产内部结构 ω_3，也有助于提升银行的长期流动性水平。

本章的模型推导建立在信贷资产与非信贷资产比例稳定的前提假设之上，主要考虑到商业银行信贷与非信贷资产的比例受到银行自身业务经营特点与其他监管指标的约束，基于流动性管理目的进行信贷资产与非信贷资产之间的腾挪，调整成本相对较高，因此一般来说商业银行信贷资产占比相对稳定。我国三类商业银行的资产结构变化特征也表明我国商业银行信贷资产与总资产的比值变化相对较小，因此本章主要以第二种资产结构调整方式的影响为重点讨论对象。

3. 商业银行资产结构调整行为对货币政策传导效率的影响

随着金融脱媒与金融科技的发展，商业银行采用负债端结构调整方式（增加更稳定融资渠道或提高资本补充）改善流动性状况往往受到诸多限制，适当调整资产结构或将成为商业银行管理长期流动性水平的主要方式。

本章所关注的银行资产结构调整方式着眼于信贷资产与非信贷资产的内部结构变化。商业银行提高信贷资产中抵押类贷款或短期贷款的占比（导致 ω_2 下降），或提高非信贷资产中现金及存放同业款项的占比（导致 ω_3 下降），都将有利于商业银行提升净稳定资金比例水平。然而，这种资产结构调整行为将对货币政策传导效率产生不同的影响。由式（5.13）和式（5.14）可知，商业银行调整信贷资产内部结构（ω_2 下降）将会增强货币政策传导效率，而调整非信贷资产内部结构（ω_3 下降）将会削弱货币政策传导效率。因此，货币政策传导效率取决于商业银行对资产调整行为的选择及调整力度：商业银行调整信贷资产内部结构以提升净稳定资金比例水平，则货币政策信贷传导渠道会更为有效；若商业银行调整非信贷资产内部结构，则货币政策传导效率将会有所下降。对于信贷资产、非信贷资产内部结构调整方式，本章提出如下假设。

H2a：商业银行调整信贷资产内部结构会影响货币政策信贷渠道传导效率。商业银行提高信贷资产中抵押类贷款或短期贷款的占比（ω_2 下降）将会同时提升 NSFR 水平和货币政策信贷渠道传导效率。

H2b：商业银行调整非信贷资产内部结构也会影响货币政策信贷渠道传导效率。商业银行提高非信贷资产中现金及存放同业款项的占比（ω_3 下降）在提升 NSFR 水平的同时，可能会降低货币政策信贷渠道传导效率。

由此可知，商业银行在管理长期流动性水平的过程中所采取的资产结构调整行为可能会对货币政策传导效率产生不同影响，这就为我们提供了识别银行微观行为的实证检验思路：在信贷资产与非信贷资产比例保持稳定的前提下，若商业银行的资产结构调整行为同时提高了 NSFR 水平和货币政策传导效率，则表明商业银行调整了信贷资产内部结构；反之，若商业银行的资产结构调整行为在提升 NSFR 水平的同时影响了货币政策传导效率，则表明商业银行更多地进行了非信贷资产内部结构的调整（作用机制如图 5-1 所示）。

由此，本章提出如下假设。

H3：商业银行的资产结构调整行为能够提高长期流动性水平，还可能会影响货币政策信贷渠道传导效率，其影响效果取决于信贷资产内部结构 ω_2、非信贷资产内部结构 ω_3 对货币政策信贷渠道传导效率的相对作用的大小。

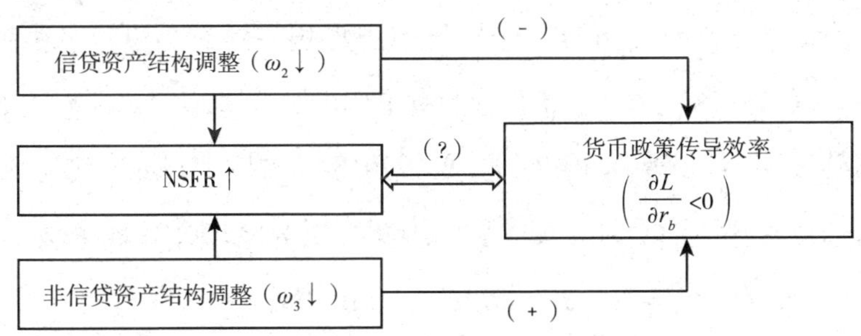

图5-1　商业银行资产结构调整行为对银行流动性及货币政策传导效率的影响机制

基于以上理论分析，本章采用我国50家商业银行2012年第一季度至2018年第二季度的非平衡面板数据，构建动态面板数据模型，对本章提出的相关假设进行实证检验，并进一步探究商业银行流动性管理行为与货币政策传导效率之间的关系，为宏观审慎监管与货币政策协调提供有益的切入点。

5.4 实证研究

5.4.1 模型基本设定

卡什雅普和斯坦（1995，2000）、基尚和奥佩拉（2000）对货币政策信贷渠道的理论推导与实证研究表明，银行规模、流动性状况及资本充足状况对货币政策的信贷传导渠道均具有显著影响。综合考虑银行微观特征的影响，本章尝试建立动态面板模型研究商业银行流动性管理行为对货币政策信贷传导渠道的影响。为了识别商业银行在流动性管理中的资产结构调整行为，本章通过研究商业银行长期流动性水平对货币政策传导效率的影响来对商业银行主要的流动性管理行为进行判断。借鉴卡什雅普和斯坦（2000）、吉奥达纳和舒马赫（2013）、曹廷求和朱博文（2013）的模型设定，考虑到银行贷款行为在时间上具有持续性，本章将模型形式设定如下：

$$\ln LOAN_{i,t} = \beta_0 + \beta_1 \ln LOAN_{i,t-1} + \beta_2 MP_t + \beta_3 NSFR_{i,t} +$$
$$\beta_4 MP_t \times NSFR_{i,t} + \beta_5 chara_{i,t} + \beta_6 control_t + \varepsilon_{i,t}$$
$$\varepsilon_{i,t} = v_i + u_{i,t}$$
$$v_i \sim IIN(0, \sigma^2 v)$$
$$u_{i,t} \sim IIN(0, \sigma^2 u) \tag{5.15}$$

其中，$\ln LOAN_{i,t}$表示第 i 家银行第 t 时期贷款规模的对数值，考虑到银行贷款行为的持续性特征，本章在模型中加入了贷款规模的滞后项 $\ln LOAN_{i,t-1}$及调整系数 β_1，该调整系数越大则表明银行跨期贷款规模变动越小，或表明长期稳定贷款占比较高。MP_t 表示第 t 期的货币政策代理变量，理论推导中本章将基准利率对银行贷款行为的影响定义为货币政策传导效率，实证研究中选取央行贷款基准利率（LR）为货币政策代理变量，以银行间拆借利率（BR）、法定存款准备金率（$M1$）作为稳健性检验的替代变量，辅助检验价格型、数量型调控工具的传导效率。伴随着利率市场化进程的推进，现有货币政策调控框架更多以价格型调控工具为主，以基准贷款利率、银行间拆借利率作为货币政策代理变量，一方面更贴合现实政策环境；另一方面也便于对模型的稳健性进行验证。在基准模型设定下，货币政策传导效率为$\frac{\partial L}{\partial r_b}=\beta_2+\beta_4 NSFR$。若货币政策的信贷传导渠道存在，那么货币政策传导效率预期符号应为负值，即$\frac{\partial L}{\partial r_b}=\beta_2+\beta_4 NSFR<0$。$NSFR_{i,t}$表示第 i 家银行第 t 期的净稳定资金比例水平，它不仅代表商业银行长期流动性水平，也蕴含着商业银行对资产负债结构调整行为的信息。货币政策变量与 NSFR 的交互项$MP_t \times NSFR_{i,t}$可理解为银行长期流动性水平变动对货币政策传导效率的影响，即：$\partial\left(\frac{\partial L}{\partial r_b}\right)/\partial NSFR$。结合理论模型推导结果式（5.13）、式（5.14）可以判断，若系数$\beta_4<0$，则表明商业银行提升流动性水平的行为提升了货币政策传导效率，此时可判断商业银行更多地优化信贷资产内部结构提升长期流动性水平；反之，若$\beta_4>0$，则表明商业银行提升流动性水平的行为降低了货币政策传导效率，这也意味着商业银行主要采用调整非信贷资产内部结构的方式进行流动性管理。此外，本章选取银行层面特征变量（$chara_{i,t}$）包括银行总资产规模的对数值（TA）、资本充足率（CAR）、短期流动性比率（$SLIQ$）[①] 三大控制变量，以剔除其他银行异质性特征对实证结果的潜在影响；宏观经济层面的控制变量（$control_t$）主要包括 GDP 季度增长率（ΔGDP）、M2 季度增长率（$\Delta M2$），以减少需求端因素对银行贷款行为的影响。

---

① 短期流动性比率（SLIQ）定义为现金及存放中央银行款项、存放同业和其他金融机构款项在总资产中的占比。这里本应采用《巴塞尔协议Ⅲ》中所规定的短期流动性监管指标 LCR 作为短期流动性水平的测度指标，但由于 LCR 数据可得性问题，我们采用 SLIQ 指标进行简化和替代。根据现有已披露的 LCR 数据，笔者也尝试采用 LCR 指标替代 SLIQ 指标进行了模型的稳健性检验，模型结果仍然支持本章的主要结论。

5.4.2 变量设计与数据选择

由于 NSFR 在我国监管实践中的过渡期安排自 2012 年 1 月 1 日开始，到 2018 年 7 月 1 日 NSFR 正式列入监管指标，商业银行经历了较长时间区间的缓冲调整过程，因而为我们的实证检验提供了良好的观察时间窗口。同时，由于 NSFR 监管要求仅适用于资产规模不小于 2 000 亿元人民币的商业银行，因此本章在过渡期内选择 2017 年末各商业银行的资产规模进行样本筛选，从而得到更多适用监管标准的银行样本。进一步剔除政策性银行、外资银行以及财报连续披露时间低于 3 年的银行样本后，本章筛选得到 2012 年第一季度至 2018 年第二季度我国 50 家商业银行的季度数据样本，其中包括 5 家国有大型商业银行、10 家股份制商业银行以及 35 家城市商业银行。[①] 各商业银行财务报表数据来源于 Moody's Analytics BankFocus 数据库，宏观经济数据来源于国泰安 CSMAR 数据库。由于部分商业银行财报初始披露时间较晚且披露频率存在差异，因而所得到面板数据为非平衡面板数据类型。对于部分季度数据缺失的情况，统一采用线性插值方法予以补充，以保证样本量以及时间上的连续性。

结合我国现行监管要求以及金（King，2013）、迪特里希等（Dietrich et al.，2014）所采用的资产负债分类方法，本章分别对 BankFocus 数据库中的对应项目进行识别和归纳，并据此计算各商业

① 根据中国银行保险监督管理委员会 2018 年底公布的银行业金融机构法人名单，国有大型商业银行除以上五家外，也包括中国邮政储蓄银行股份有限公司（以下简称“邮储银行”）。由于数据缺失的问题，我们在实证分析的样本中并未包括邮储银行。

银行净稳定资金比例指标。具体计算项目及折算因子如表5-1所示。

表5-1 NSFR测算中所涉及的项目及相应的折算因子 单位：%

Ⅰ. 可用的稳定资金（ASF）		
分类	BankFocus数据库对应项目	折算因子
权益	总权益	100
	优先股及作为负债的混合资本	100
	优先股及作为权益的混合资本	100
负债	长期资金总额	100
	客户存款总额	90
	回购和现金担保	50
	其他负债	0
Ⅱ. 所需的稳定资金（RSF）		
分类	BankFocus数据库对应项目	折算因子
资产（信贷资产）	抵押贷款	65
	非抵押贷款	85
	其他贷款	100
资产（非信贷资产）	现金及存放同业款项	0
	证券投资	40
	其他资产	100
表外项目	担保与保证	5
	承兑汇票和表外报告跟单信用证	5
	信用承诺额度	5
	其他或有负债	5
Ⅲ. 净稳定资金比例（NSFR）		
$NSFR=\frac{ASF}{RSF}$		

注：表中ASF项目按照融资稳定性从高到低排序，RSF项目按各项目类别与稳定资金占用度从低到高排序。长期资金总额是指剩余期限在1年及以上的所有负债融资；抵押贷款项目仅指个人住房抵押贷款；非抵押贷款项目指除住房抵押贷款外的其他个人贷款及企业贷款；其他贷款项目指未包含于以上两类的所有贷款款项，如汇票、租赁资产、关联方贷款等；证券投资项目包括交易性金融资产、可供出售金融资产、持有至到期投资以及其他证券投资。

资料来源：笔者根据国际清算银行《巴塞尔协议Ⅲ：净稳定资金比例》、银保监会《商业银行流动性风险管理办法》等文件对BankFocus数据库项目进行整理所得。

表5-2为变量的描述性统计，展示了样本商业银行在贷款行为、长短期流动性水平、资本状况、资产规模等方面的基本数据特

征。从描述性统计结果来看，50 家样本商业银行的净稳定资金比例均处于较高水平，NSFR 指标的总样本均值达到 136.79%，高于监管设定 100% 的最低流动性监管要求。但是，在区分不同银行类型后不难发现，各类商业银行的流动性水平存在较为显著的差异。

表 5-2　　变量描述性统计

变量名称	样本量	均值	标准差	最小值	最大值
ln*LOAN*	1140	26.6894	1.6022	22.5623	30.3414
NSFR	1168	1.3679	0.2055	0.1607	3.2798
CAR	1255	0.1257	0.0153	0.0700	0.2305
TA	1079	27.7248	1.3360	26.0258	30.9380
SLIQ	1079	0.1762	0.0562	0.0770	0.4566
MP（*LR*）	1300	0.0563	0.0096	0.0435	0.0747
MP（*BR*）	1300	0.0321	0.0136	0.0094	0.0660
MP（*M*1）	1300	0.1763	0.0252	0.1000	0.2150
Δ*GDP*	1300	0.0299	0.0120	0.0149	0.0538
Δ*M*2	1300	0.0352	0.0202	-0.0062	0.1104

按照中国 NSFR 监管引入的时间区间（2012 年第一季度至 2018 年第二季度），我们分别考察三类样本商业银行的长期流动性水平变动趋势。从图 5-2 来看，三类商业银行 NSFR 平均水平均处于 100% 监管要求之上，但总体呈现下行趋势。可以看出，伴随着近年来金融科技的发展和金融脱媒的加剧，商业银行仍然面临着流动性管理压力。从三类商业银行的组间差异来看，国有大型商业银行和城市商业银行的 NSFR 水平显著高于股份制商业银行。其原因可能在于，股份制商业银行融资来源的稳定性相对较低（导致 ASF 较低），或资产端流动性风险较高的资产持有比例较高（导致 RSF 较高）。在此背景下，商业银行，尤其是 NSFR 相对较低的股份制商业

银行和城市商业银行如何选择资产结构调整方式来管理长期流动性，是我们必须关注的重要问题。

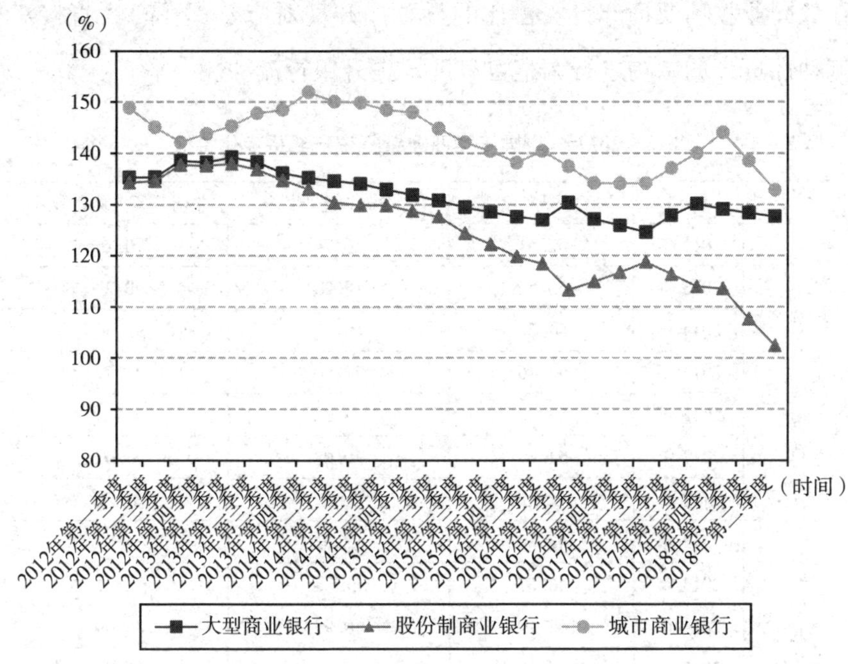

图5－2　2012～2018年我国三类样本商业银行NSFR趋势对比

表5－3展示了过渡期内我国三类样本商业银行的资产结构调整行为及变化特征。在近六年的过渡期内，商业银行的信贷资产与非信贷资产的比例并没有显著变化（样本期间信贷资产比例的标准差较小），表明商业银行并未通过大幅度的传统资产结构调整手段进行流动性管理，这也与本章的理论分析一致。因此，木章将信贷资产内部结构行为、非信贷资产内部结构行为作为关注重点。不难看出，不同类型商业银行的资产结构调整行为具有明显的分化特征。具体来看，国有大型商业银行信贷资产内部结构发生了显著变化，抵押类贷款占比显著增加（对应 ω_2 下降），信贷资产结构的优化调整成

为国有大型商业银行管理流动性的主要途径。而股份制商业银行和城市商业银行则侧重于非信贷资产内部结构调整，具体表现为现金、存放同业款项及证券投资占比的显著提升（对应 ω_3 下降），直接对流动性资产的结构进行调整也有助于提升银行流动性水平。

表 5 - 3　2012 ~ 2017 年我国三类商业银行资产结构变化特征　单位：%

项目		信贷资产比例	信贷资产内部结构	非信贷资产内部结构
大型商业银行	2012 年	52. 51	16. 78	90. 76
	2013 年	53. 52	18. 23	90. 29
	2014 年	54. 23	19. 47	92. 30
	2015 年	53. 46	21. 60	91. 47
	2016 年	53. 00	28. 02	93. 54
	2017 年	54. 09	30. 08	93. 03
	标准差	0. 65	5. 45	1. 28
股份制商业银行	2012 年	48. 80	12. 52	75. 09
	2013 年	46. 67	11. 34	72. 71
	2014 年	46. 10	10. 93	80. 09
	2015 年	45. 58	11. 47	85. 80
	2016 年	46. 36	15. 93	94. 31
	2017 年	51. 19	16. 73	94. 32
	标准差	2. 14	2. 53	9. 36
城市商业银行	2012 年	44. 28	10. 28	81. 21
	2013 年	41. 72	8. 28	83. 59
	2014 年	41. 00	8. 45	88. 62
	2015 年	39. 07	8. 07	90. 72
	2016 年	37. 70	9. 33	94. 95
	2017 年	39. 08	10. 76	93. 82
	标准差	2. 36	1. 12	5. 50

注：信贷资产比例是指信贷资产与总资产的比值，非信贷资产比例定义为 1 - 信贷资产比例，因而不作赘述；信贷资产内部结构是指抵押类贷款与总信贷资产的比值，该数值升高对应 ω_2 下降；非信贷资产内部结构是指现金、存放同业款项及证券投资与总非信贷资产的比值，该数值升高对应 ω_3 下降。

表5-4对不同类型商业银行的特征变量差异进行组间均值t检验。检验结果表明，国有大型商业银行在贷款规模（ln*LOAN*）、资产规模（*TA*）严格占优于股份制商业银行及城市商业银行；国有大型商业银行的资本充足率（*CAR*）与股份制商业银行相当，且两者均优于城市商业银行；国有大型商业银行和城市商业银行的短期流动性水平（*SLIQ*）均优于股份制商业银行，而城市商业银行的净稳定资金比例水平（*NSFR*）则显著高于国有大型商业银行和股份制商业银行。其原因可能在于，城市商业银行的高流动性资产持有比例较高，而占用稳定资金较多的资产持有比例相对较低。

表5-4　主要银行特征变量的组间均值检验

变量名称	(1) 国有大型——股份制		(2) 股份制——城商行		(3) 国有大型——城商行	
	均值差异	t值	均值差异	t值	均值差异	t值
ln*LOAN*	1.853***	25.6878	2.100***	40.2528	3.953***	61.9665
NSFR	0.080***	4.7862	-0.189***	-12.7221	-0.108***	-5.5283
CAR	0.002	1.3448	0.007***	5.9621	0.004***	2.9640
TA	1.659***	26.1489	1.817***	42.2062	3.476***	66.9015
SLIQ	0.030***	7.9824	-0.038***	-8.6214	-0.008	-1.4118

注：***、**和*分别表示在1%、5%和10%（双尾）检验水平上具有统计学意义。

5.4.3　实证检验结果与分析

考虑到面板的非平衡性、被解释变量滞后项的加入可能带来的内生性问题，本章采用一阶系统GMM进行参数拟合（Arellano and Bover，1995；Blundell and Bond，1998），以保证参数估计的有效性。首先，通过Durbin-Wu-Hausman检验来检验变量内生性。结果显示，被解释变量的滞后变量以及净稳定资金比例、资本充足率、资产规模变量具有内生性特征。其次，根据 Arellano-Bond 矩条件的构造方法，内生变量的滞后变量与被解释变量高度相关，且与扰动项无关。因此，本章选取 ln*LOAN* 的滞后一阶变量（*L*. ln*LOAN*）作为差分方程的工具变量，将其差分变量作为水平方程的工具变量作为 GMM 类型工具变量；将前定变量也设定为 GMM 类型工具变量，将外生变量作为 IV 类型工具变量构造矩条件，再对模型进行广义矩估计，以缓解模型估计中的内生性问题。参数拟合结果如表 5 - 5 所示。

表 5 - 5　　基准模型的参数估计及稳健性检验结果

解释变量	模型（1）	模型（2）	模型（3）	模型（4）
L. ln*LOAN*	0.6554 *** （0.1229）	0.6674 *** （0.1264）	0.6582 *** （0.1244）	0.6591 *** （0.1245）
NSFR	-0.0179 （0.0478）	-0.0054 （0.0490）	-0.0458 （0.0556）	0.0092 （0.0424）
MP	-113.1724 *** （35.5578）	-169.8956 *** （65.5751）	-43.3724 *** （13.4703）	-103.2561 *** （35.7624）
NSFR × *MP*	81.4240 *** （24.7140）	122.9064 *** （47.6835）	31.3700 *** （9.5544）	75.5442 *** （26.1382）
Δ*GDP*	1.7041 （1.3863）	1.6451 （1.5265）	1.5935 （1.2928）	1.6967 （1.3929）
Δ*M*2	-0.3598 （0.4136）	-0.2389 （0.4694）	-0.4649 （0.4369）	-0.2553 （0.4649）
TA	0.3621 *** （0.1350）	0.3504 ** （0.1408）	0.3554 *** （0.1361）	0.3607 *** （0.1381）
CAR	2.6877 ** （1.0525）	2.9568 *** （1.0318）	3.1549 ** （1.2623）	2.4024 *** （0.8977）
SLIQ	0.3201 * （0.1645）	0.1593 （0.2674）	0.2957 * （0.1692）	0.0593 （0.2783）

续表

解释变量	模型（1）	模型（2）	模型（3）	模型（4）
$TA \times MP$		1.1012 (1.9761)	-0.8978** (0.4423)	1.6669* (0.9927)
$CAR \times MP$		412.1428 (976.4360)	255.9570 (220.3299)	-82.8255 (268.6257)
$SLIQ \times MP$		-313.2035 (264.2068)	48.7502 (30.3277)	-241.9330* (135.7951)
常数项	-0.9788** (0.4938)	-0.9858* (0.5325)	-0.8520* (0.4799)	-1.0211* (0.5239)
观测数	1001	982	982	982
样本银行	50	50	50	50
Wald 统计量	164 810.92***	197 259.39***	161 587.69***	180 673.44***
AR（1）-p 值	0.049	0.052	0.032	0.034
AR（2）-p 值	0.440	0.558	0.191	0.246
Hansen 检验-p 值	0.999	0.999	0.999	0.998

注：本表展示了基于一阶系统 GMM 的参数估计结果。括号内数值为按银行个体聚类稳健标准差。Arellano-Bond 检验中 AR（1）的原假设为残差不存在一阶自相关，AR（2）检验的原假设为残差不存在二阶自相关，Hansen 检验的原假设为所有工具变量有效。括号内为标准误差。***、**和*分别表示在1%、5%和10%（双尾）检验水平上具有统计学意义。

1. 基准模型及稳健性检验

表5-5中模型（1）为不包含银行特征变量交互项的基准回归模型，初步检验了净稳定资金比例与货币政策传导效率的相关关系，货币政策变动对银行贷款规模的综合影响$\frac{\partial L}{\partial r_b}$可以通过交互项 $NSFR \times MP$ 的系数乘 NSFR 均值后再与货币政策变量 MP 的系数相加得到，通过计算可得$\frac{\partial L}{\partial r_b} = -1.7925 < 0$。由此可验证假设 H1 成立，即在净稳定资金比例监管要求存在的条件下，货币政策信贷传导渠道仍然

有效。以基准贷款利率作为货币政策代理变量，紧缩的货币政策即更高的基准贷款利率水平，将造成银行贷款规模的下降。给定需求因素的影响，货币政策能够通过控制信贷供应量而传导至实体经济，即货币政策的信贷渠道是有效的，这也与卡什雅普和斯坦（1995，2000）的研究结论一致。模型（1）也表明，在控制银行层面特征变量、宏观经济变量后，净稳定资金比例本身对银行贷款规模并没有显著影响，但商业银行的流动性管理行为可能对货币政策传导的效率产生间接影响，这就验证了本章提出的假设 H3，也与吉奥达纳和舒马赫（2013）得到的结论类似。

在此基础上，考虑到已有大量关于银行微观特征影响货币政策信贷渠道传导效率的文献（Kashyap and Stein，1995；Kishan and Opiela，2000；徐明东和陈学彬，2011），模型（2）考虑加入其他银行特征变量与货币政策的交互项，以控制其他变量对货币政策传导过程的潜在影响，结果仍然与模型（1）一致。净稳定资金比例与货币政策变量的交互项可以理解为商业银行微观行为变化对长期流动性水平与货币政策传导效率的综合影响，该系数显著为正，表明商业银行的微观行为在推升净稳定资金比例水平的同时，造成了货币政策传导效率的下降，结合前述理论推导结果 $\partial\left(\frac{\partial L}{\partial r_b}\right)/\partial\omega_2>0$ 和 $\partial\left(\frac{\partial L}{\partial r_b}\right)/\partial\omega_3<0$，可以进一步识别商业银行管理长期流动性的主要行为体现在非信贷资产内部结构的调整上，而不是优化信贷资产内部结构。这种行为可能与银行贷款期限结构及调整成本的权衡有关：由于贷款合约往往具有黏性，并不能随时灵活调整，而与调整非信贷资产内部结构相比，商业银行调整信贷资产

结构的成本相对较高。非信贷资产结构调整行为确实能够提高银行长期流动性水平，但其流动性管理目标相对短视，优化信贷资产内部结构、提升资金运用端的资产质量、减少稳定资金占用，才是流动性监管的应有之意。

为确保基准模型估计结果的有效性，本章从以下方面进行了模型的稳健性检验：[①] 第一，各模型参数估计方法均采用一阶系统GMM估计方法，并构造Arellano-Bond矩条件对模型参数进行广义矩估计，对模型的工具变量设定进行Hansen检验，结果均接受原假设，这表明参数估计所选取的工具变量是稳健的。Arellano-Bond检验中的AR（1）、AR（2）值也表明残差不存在二阶自相关，结合对模型整体参数拟合的Wald联合检验表明，整体参数的回归结果是显著的。第二，本章尝试采用不同的货币政策代理变量对模型进行稳健性检验，模型（3）、模型（4）分别由7天银行间同业拆借利率（季度均值）、法定存款准备金率替代基准贷款利率作为货币政策的代理变量加入回归模型，估计结果仍然显著支持商业银行流动性管理行为对货币政策传导效率的影响。第三，考虑其他银行特征变量对银行信贷行为的可能影响，本章尝试加入非利息收入占比、总资产收益率、拨备覆盖率、不良贷款率等变量作为控制变量，对基准模型进行稳健性检验。此外，本章也尝试构建双向固定效应模型，以缓解因遗漏变量而造成的内生性问题，结论并未发生改变。第四，本章尝试采用已披露的LCR指标以及流动性比例等短期流动性指标替代基准模型中的SLIQ指标，对基准模型进行稳健性检验，估计结

① 囿于篇幅，本章仅展示了不同的货币政策代理变量对模型进行稳健性检验的结果，其他稳健性检验结果未列示，如有需要可向作者索取。

果仍然稳健。

2. 分组估计结果

为了进一步识别不同类型商业银行的流动性管理行为特征，本章仍然以2012年第一季度至2018年第二季度为时间窗口，分别按照NSFR水平高低和银行类别进行了分组估计，以便更清晰地了解商业银行的流动性管理行为与货币政策传导效率之间的内在联系。

首先，本章以2012～2018年商业银行每年度NSFR中位数作为筛选标准，选取高于年度分位数的样本作为高NSFR组，低于年度分位数的样本作为低NSFR组。不同NSFR水平的样本组的比较，一方面可以检验NSFR监管要求对商业银行经营管理的潜在影响，另一方面也有助于我们理解商业银行流动性管理中的内在动机。

表5－6展示了高NSFR样本组和低NSFR样本组在经营效率与稳定性指标方面的差异。不难看出，具有较高NSFR水平的商业银行，无论是盈利能力还是流动性状况均显著优于低NSFR样本组，高NSFR样本组的资产质量也显著优于低NSFR样本组（具体表现为高NSFR样本组的平均资本充足率、平均拨备覆盖率高于低NSFR样本组，同时其平均不良贷款率低于低NSFR样本组）。这也意味着，商业银行长期流动性状况的改善，与商业银行的经营效率与稳健性正相关。因此，流动性监管要求的落地与实施，降低了银行的经营风险，提升了商业银行资产负债表的稳健性，为商业银行的稳健经营奠定了良好的基础。在此基础上，进一步研究和识别商业银行的流动性管理行为具有重要意义。

表5－6 商业银行经营效率与稳定性指标的组间均值检验（按NSFR高低分组）

指标名称	高NSFR组	低NSFR组	均值差异	t值
NSFR	1.5163	1.2159	0.3004***	33.8653
资产收益率	0.0025	0.0024	0.0001***	2.9813
资本收益率	0.0408	0.0393	0.0015**	2.3322
不良贷款率	0.0117	0.0128	－0.0011***	－3.3172
资本充足率	0.1277	0.1240	0.0037***	4.2931
拨备覆盖率	3.0777	2.5820	0.4957***	3.1143
存贷比	0.6019	0.7136	－0.1117***	－18.4932

注：***和**分别表示在1%和5%（双尾）检验水平上具有统计学意义。

其次，考虑到国有大型商业银行、股份制商业银行、城市商业银行三类商业银行的资产结构调整方式差异明显（见表5－3），本章还按照银行类别进行了分组估计。回归模型仍然沿用基准模型（2）的设定，进一步控制了银行特征变量（包括银行规模*TA*、资产充足率*CAR*、短期流动性比率*SLIQ*）、其他交互项控制变量（*TA*、*CAR*、*SLIQ*变量与货币政策的交互项）的影响。参数估计结果如表5－7所示。

表5－7 按NSFR高低和按银行类别的分组估计结果

解释变量	按NSFR高低		按银行类别		
	低NSFR组	高NSFR组	国有大型商业银行	股份制商业银行	城市商业银行
L.ln*LOAN*	0.2313** (0.1114)	0.6747*** (0.0604)	0.1393 (0.2816)	0.9782*** (0.0171)	0.6908*** (0.0524)
NSFR	－0.0851 (0.0749)	－0.0537 (0.1368)	－0.0011 (0.0634)	0.0955 (0.0634)	－0.0468 (0.0750)
MP	－251.5588** (110.0909)	－51.6799 (65.9295)	－12.2718 (24.8752)	113.1216*** (42.5497)	－208.3677*** (73.5439)

续表

解释变量	按 NSFR 高低		按银行类别		
	低 NSFR 组	高 NSFR 组	国有大型商业银行	股份制商业银行	城市商业银行
$NSFR \times MP$	168.3357** (74.1481)	36.5091 (51.7512)	2.3303 (17.5335)	87.3853*** (29.8837)	150.4458*** (51.1659)
常数项	-2.6170*** (0.7769)	-0.9311*** (0.2312)	0.7080 (0.4345)	-0.0305 (1.3810)	0.0815 (1.0658)
宏观经济变量	控制	控制	控制	控制	控制
银行特征变量	控制	控制	控制	控制	控制
其他交互项	控制	控制	控制	控制	控制
观测数	442	520	130	252	600
样本银行	48	41	5	10	35
Wald 统计量	21 786.37***	77 838.60***	63.08***	359.04***	14 706.68***
AR(1) - p 值	0.003	0.038	0.082	0.034	0.086
AR(2) - p 值	0.782	0.118	0.127	0.199	0.771
Hansen 检验 - p 值	1.000	1.000	1.000	1.000	1.000

注：本表展示了基于一阶系统 GMM 的参数估计结果。括号内数值为按银行个体聚类稳健标准差。Arellano - Bond 检验中 AR（1）的原假设为残差不存在一阶自相关，AR（2）检验的原假设为残差不存在二阶自相关，Hansen 检验的原假设为所有工具变量有效。括号内为标准误差。*** 和 ** 分别表示在 1% 和 5%（双尾）检验水平上具有统计学意义。

对不同 NSFR 水平的分组估计结果表明，低 NSFR 样本银行的流动性水平与货币政策传导效率之间存在显著的正向关系，因而可识别出处于低 NSFR 组的商业银行更倾向于采用调整非信贷资产内部结构进行流动性管理，而 NSFR 水平较高的商业银行则没有表现出明显的资产结构调整行为。非信贷资产结构调整仅仅改变了短期资产的流动性结构，不涉及银行长期资产的结构优化，因而对货币政策信贷传导效率造成了一定影响。这一调整行为与 NSFR 指标的设计意图并不相符，NSFR 监管要求旨在提高银行长期流动性水平，商业银行可通过增加稳定资金来源、降低稳定资金占用来提升资产负债表的稳健性，因而优化信贷资产结构、降低信贷资产风险暴露是商业银行长期流动性管理的有效方式。

对不同类型商业银行的分组估计结果表明，在股份制商业银行和城市商业银行两个样本组中商业银行的流动性管理行为降低了货币政策信贷传导效率，而国有大型商业银行样本组则没有显著影响。结合理论模型中的银行微观行为识别策略可知，股份制商业银行和城市商业银行的流动性管理方式以调整非信贷资产内部结构为主，即提高现金、同业资产及证券投资比重（ω_3 下降），且调整力度大于银行对信贷资产内部结构的调整。从过渡期内两类银行的NSFR水平（见图5－2）来看，股份制商业银行的NSFR整体水平处于较低位置，且持续处于下行区间；城市商业银行虽然整体NSFR水平较高，但样本内银行差距明显，部分银行的NSFR水平仍然较低，因而这两类银行的流动性管理行为表现得更为短视，以非信贷资产的流动性转换为主，而忽视了信贷资产结构的优化调整，这也与表5－3所示的经验事实相符。相比之下，国有大型商业银行的流动性管理行为更为均衡，兼顾非信贷资产的结构调整与信贷资产的优化配置，因而未对货币政策传导效率造成显著影响。

3. 对资产结构调整行为的进一步讨论

在对商业银行流动性管理行为进行识别和分析后，本章进一步对理论模型中提及的两种资产内部结构调整行为进行了实证检验。我们仍然采用表5－5中基准模型（2）的设定，验证两种资产内部结构调整方式对货币政策传导效率的可能影响，进而佐证本章的银行行为识别策略是有效的。这里所采用的信贷资产内部结构 ω_2 和非信贷资产内部结构 ω_3 数据，可根据式（5.9）中的定义计算得到：

ω_2 等于信贷资产加权值/信贷资产；ω_3 等于非信贷资产加权值/非信贷资产。参考表 5－1 中折算因子设定，信贷资产加权值等于信贷资产细分项目（抵押贷款、非抵押贷款、其他贷款）与其相应折算因子的乘积之和，非信贷资产加权值等于非信贷资产细分项目（现金及存放同业款项、证券投资、其他资产）与其相应折算因子的乘积之和。模型（5）至模型（7）分别将原有的 NSFR 与货币政策的交互项替换为不同资产内部结构变量与货币政策的交互项，以检验资产内部结构调整行为与货币政策传导效率的内在作用机制。参数估计结果如表 5－8 所示。

表 5－8　　关于商业银行资产结构调整行为的参数估计结果

解释变量	模型（5）	模型（6）	模型（7）
L. ln*LOAN*	0.7684*** （0.1261）	0.7110*** （0.1035）	0.7652*** （0.1262）
MP	－734.8821*** （281.6333）	99.5607* （54.4081）	－1 061.8939*** （348.1443）
ω_2	0.3955 （0.5411）		0.5339 （0.5831）
ω_3		－0.1996*** （0.0741）	－0.1350*** （0.0492）
$\omega_2 \times MP$	796.2475** （309.8653）		1 264.5979*** （385.2559）
$\omega_3 \times MP$		－130.7687** （65.9201）	－129.4092*** （32.0267）
常数项	－0.9039* （0.4796）	－0.5622 （0.4901）	－0.8557* （0.4998）
宏观经济变量	控制	控制	控制
银行特征变量	控制	控制	控制
其他交互项	控制	控制	控制

续表

解释变量	模型（5）	模型（6）	模型（7）
观测数	962	962	962
样本银行	50	50	50
Wald 统计量	348 309.97 ***	196 316.20 ***	393 014.12 ***
AR（1）-p值	0.013	0.010	0.013
AR（2）-p值	0.315	0.847	0.438
Hansen 检验-p值	1.000	1.000	1.000

注：本表展示了基于一阶系统 GMM 的参数估计结果。括号内数值为按银行个体聚类稳健标准差。Arellano-Bond 检验中 AR（1）的原假设为残差不存在一阶自相关，AR（2）检验的原假设为残差不存在二阶自相关，Hansen 检验的原假设为所有工具变量有效。括号内为标准误差。***、** 和 * 分别表示在1%、5%和10%（双尾）检验水平上具有统计学意义。

从实证结果来看，商业银行调整信贷资产内部结构和调整非信贷资产结构都会有效地提升长期流动性水平，且两种资产结构调整行为都会对货币政策传导效率产生影响，但两者的作用方向不同。而且，不论是单独考察单一调整方式，抑或是同时纳入两种内部结构调整方式，其作用效果均保持稳健，这也就验证了本章提出的假设 H2a 和假设 H2b。信贷资产结构调整行为（调减 ω_2）将有效提高货币政策传导效率，而非信贷结构调整行为（调减 ω_3）则会降低货币政策传导效率，这也与理论模型式（5.13）、式（5.14）的结果一致。具体来看，调减 ω_2 意味着商业银行加大抵押贷款及较长期贷款在信贷资产中的比重，这种调整方式一方面反映了银行对信贷资产结构的优化和风险控制，另一方面也有助于传递货币政策意图，因而调整信贷资产内部结构有助于实现提升银行长期流动性水平与货币政策有效传导的“双赢”局面。而调减 ω_3 则是提升非信贷资产中现金与同业资金的比例，这种调整行为与货币政策导向关联度较低，仅仅作为银行提高流动性水平的短期方法之一，并不能实质性地提高商业银行资产负债表的稳健程度。结合表5-3中我国三类商业银行资产结构变化特征，可以推断国有大型商业银行流动性管理的主要方式为调整信贷资产内部结构（ω_2 下降），而股份制商业银行和城市商业银行则更多采用非信贷资产内部结构调整方式（ω_3 下降），这也与表5－7得到的分组估计结果一致。

为了排除传统资产调整方式对货币政策传导效率的可能影响，本章采用对非信贷资产规模的对数值作为被解释变量，仍然沿用表5－5中基准模型（2）的模型设定对传统调整方式的影响进行检验。由于传统资产结构调整方式并非本章讨论的主要内容，因此并未列示参数估计结果。实证结果显示，货币政策变量以及NSFR与货币政策交互项的系数对非信贷资产规模的影响均不显著。这也意味着商业银行并不存在明显的信贷资产转增非信贷资产的调整行为，因为如果传统资产结构调整行为存在，则非信贷资产对货币政策变动应有相似的对称反应。结合表5－3中我国三类商业银行的资产结构变化特征也可以判断，我国商业银行流动性管理的主要方式并非传统资产结构调整方式，而是以调整信贷资产与非信贷资产内部结构为主。

5.5 结论与建议

净稳定资金比例监管要求作为银行业流动性监管新规的重要新增环节，同时也是宏观审慎监管框架中不可或缺的组成部分。净稳定资金比例的落地进程及潜在影响近年来受到学术界和银行实践的广泛关注，本章的关注点在于商业银行流动性管理中的微观行为对货币政策信贷渠道产生的影响及其作用机制。基于已有研究成果，本章借鉴净稳定资金比例指标的设计理念，将商业银行流动性管理中的两种资产结构调整行为纳入理论模型，在资产负债表约束、资本充足率约束、净稳定资金比例约束下求解银行利润最大化条件，进而推导出商业银行的资产结构调整行为对货币政策传导效率的潜在影响。在此基础上，本章借助 NSFR 过渡期的时间窗口，采用我国 50 家商业银行 2012 年第一季度至 2018 年第二季度的面板数据，构建动态面板数据模型并采用一阶系统 GMM 估计方法进行参数估计，以期从微观视角识别商业银行流动性管理中的资产结构调整行为，并探讨这些行为与货币政策传导效率之间的关系。实证结果表明：其一，自流动性监管要求试运行以来，货币政策信贷传导渠道仍然十分有效，且伴随着长期流动性水平的提升，商业银行的经营效率与稳定性均有所增强；其二，商业银行流动性管理中的资产结构调整行为会对货币政策传导效率造成影响，商业银行信贷资产结构的优化，在提升 NSFR 水平的同时能够显著提高货币政策传导效率，因而有助于实现流动性监管与货币政策传导的“双赢”目标；其三，部分 NSFR 较低的股份制商业银行和城市商业银行往往采用非信贷资产结构调整方式提升流动性水平，这种资产结构调整行为着眼于短期利益，可能会对货币政策传导效率产生影响。

鉴于此，本章提出以下政策建议。其一，充分发挥宏观审慎监管框架下流动性监管的积极作用，这是加强宏观审慎政策与货币政策协调性的重要一环。流动性监管的引入有助于商业银行形成稳健的资产负债结构，在提升商业银行经营效率与稳定性的同时，也为货币政策的信贷传导奠定了基础。其二，监管部门应关注并合理引导商业银行践行有效的流动性管理模式，保障货币政策信贷渠道的传导效果。优化商业银行信贷资产结构、提升稳定资金运用的质效，是商业银行提升长期流动性水平的有效方式，也是流动性监管的应有之意。监管部门应关注商业银行流动性管理中的资产结构调整行为与方式，避免商业银行由于“短视”的流动性管理目标对货币政策传导效率造成无谓的外部性影响。其三，商业银行也应积极调整资产负债结构，资产端应重视信贷资产内部结构管理，如增加抵押类贷款占比、优化长短期贷款占比等，负债端应更加注重稳定融资渠道的维护与使用，降低对特定融资渠道的依赖度，从而有效控制商业银行期限转换中存在的风险，提升银行经营的稳健性与安全性。

参考文献

[1] 曹廷求、朱博文:《银行治理影响货币政策传导的信贷渠道吗?——来自中国银行业的证据》, 载于《金融研究》2013 年第 1 期, 第 107 ~ 121 页。

[2] 陈雨露:《四十年来中央银行的研究进展及中国的实践》, 载于《金融研究》2019 年第 2 期, 第 1 ~ 19 页。

[3] 董华平、干杏娣:《我国货币政策银行贷款渠道传导效率研究——基于银行业结构的古诺模型》, 载于《金融研究》2015 年第 10 期, 第 48 ~ 63 页。

[4] 方意:《宏观审慎政策有效性研究》, 载于《世界经济》2016 年第 8 期, 第 25 ~ 49 页。

[5] 何雅婷:《我国商业银行流动性对货币政策贷款传导渠道的影响研究》, 重庆大学硕士学位论文, 2017 年。

[6] 李明辉、刘莉亚、黄叶苨:《巴塞尔协议Ⅲ净稳定融资比率对商业银行的影响——来自中国银行业的证据》, 载于《国际金融研究》2016 年第 3 期, 第 51 ~ 49 页。

[7] 李元、王擎:《删除的红线: 存贷比约束如何影响货币政策的信贷传导》, 载于《财经科学》2018 年第 6 期, 第 11 ~ 24 页。

[8] 刘书祥、吴昊天:《货币政策冲击与银行信贷行为的差异——基于银行信贷渠道理论的一种解释》, 载于《宏观经济研究》2013 年第 9 期, 第 46 ~ 56 页。

[9] 庞晓波、钱锟：《货币政策、流动性监管与银行风险承担》，载于《金融论坛》2018 年第 1 期，第 27 ~ 38 页。

[10] 王爱俭、王璟怡：《宏观审慎政策效应及其与货币政策关系研究》，载于《经济研究》2014 年第 4 期，第 17 ~ 31 页。

[11] 徐明东、陈学彬：《中国微观银行特征与银行贷款渠道检验》，载于《管理世界》2011 年第 5 期，第 24 ~ 38 页。

[12] 易纲：《货币政策回顾与展望》，载于《中国金融》2018 年第 3 期，第 9 ~ 11 页。

[13] 钟文琴：《流动性监管、货币政策对商业银行贷款行为的影响研究》，浙江工商大学硕士学位论文，2015 年。

[14] 周英章、蒋振声：《货币渠道、信用渠道与货币政策有效性的实证分析》，载于《金融研究》2002 年第 9 期，第 34 ~ 43 页。

[15] Acharya, V. and Naqvi, H., "The Seeds of a Crisis: A Theory of Bank Liquidity and Risk Taking Over the Business Cycle", *Journal of Financial Economics*, 2012, 106 (2): 349 – 366.

[16] Acharya, V., Eisert, T., Eufinger, C., and Hirsch, C., "Whatever It Takes: The Real Effects of Unconventional Monetary Policy", *Review of Financial Studies*, 2019, 32: 3366 – 3411.

[17] Adams, R. M. and Amel, D. F., "The Effects of Local Banking Market Structure on the Bank – lending Channel of Monetary Policy", Board of Governance of the Federal Reserve System Working Paper, 2005, No. 16.

[18] Altunbas, Y., Gambacorta, L. and Marques-Ibanez, D., "Securitisation and the Bank Lending Channel", *European Economic Review*, 2009, 53 (8): 996 – 1009.

[19] Arellano, M. and Bover, O. "Another Look at the Instrumental

Variable Estimation of Error-components Models", *Journal of Econometrics*, 1995, 68 (1): 29 -51.

[20] Ashcraft, A. B. and Campello, M., "Firm Balance Sheets and Monetary Policy Transmission", *Journal of Monetary Economics*, 2007, 54: 1515 -1528.

[21] Baltensperger, E. and Milde, H., "Predictability of Reserve Demand, Information Costs, and Portfolio Behavior of Commercial Banks", *Journal of Finance*, 1976, 31: 835 -843.

[22] Baltensperger, E., Borts, G. and Murphy, N. B., "Costs of Banking Activities-Interactions between Risk and Operating Costs", *Journal of Money & Banking*, 1972, 4 (3): 612 -613.

[23] Baltensperger, E., "Alternative Approaches to the Theory of the Banking Firm", *Journal of Monetary Economics*, 1980, 6 (1): 1 -37.

[24] Baltensperger, E., "Economies of Scale, Firm Size, and Concentration in Banking", *Journal of Money, Credit and Banking*, 1972, 4: 467 -488.

[25] Baltensperger, E., "The Precautionary Demand for Reserves", *American Economic Review*, 1974, 64 (1): 205 -210.

[26] Banerjee, R. and Mio, H., "The Impact of Liquidity Regulation on Banks", *Journal of Financial Intermediation*, 2018, 35: 30 -44.

[27] Bauer M. D. and Neely C. J., "International Channels of the Fed's Unconventional Monetary Policy", Working Paper, 2014.

[28] Bauer, M. and Rudebusch, G., "The Signaling Channel for Federal Reserve Bond Purchases", *International Journal of Central Banking*, 2014, 10: 233 -289.

[29] Berger, A. and Roman, R. A., "Did TARP Banks Get Competitive Advantages?", *Journal of Financial and Quantitative Analysis*, 2015, 50: 1199 - 1236.

[30] Berger, A. and Udell, G., "Did Risk - based Capital Allocate Bank Credit and Cause a 'Credit Crunch' in the United States", *Journal of Money, Credit and Banking*, 1994, 26 (3): 585 - 628.

[31] Bernanke, B. and Blinder, A. S., "Credit, Money, and Aggregate Demand", NBER Working Paper, 1988, No. 2534.

[32] Bernanke, B. and Blinder, A. S., "The Federal Funds Rate and the Transmission of Monetary Policy", *American Economic Review*, 1992, 82 (4): 901 - 921.

[33] Bernanke, B. and Gertler, M., "Agency Costs, Net Worth, and Business Fluctuations", *American Economic Review*, 1989, 79: 14 - 31.

[34] Bernanke, B. and Gertler, M., "Inside the Black Box: The Credit Channel of Monetary Policy Transmission", *Journal of Economic Perspectives*, 1995, 9 (4): 27 - 48.

[35] Bernanke, B., Gertler, M., and Gilchrist, S., "The Financial Accelerator in a Quantitative Business Cycle Framework", in *Handbook of Macroeconomics*, Elsevier, 1999, 1: 1341 - 1393.

[36] Bernanke, B., "The Federal Funds Rate and the Channels of Monetary Transmission", NBER Working Paper, 1990, No. 3487.

[37] Blundell, R. and Bond, S., "Initial Conditions and Moment Restrictions in Dynamic Panel Data Models", *Journal of Econometrics*, 1998, 87 (1): 115 - 143.

[38] Boivin, J., Kiley, M. T., and Mishkin, F. S., "How has the

Monetary Transmission Mechanism Evolved Over Time?", in *Handbook of Monetary Economics*, Elsevier, 2010, 3: 369-422.

[39] Bonner, C. and Eijffinger, S. C., "The Impact of Liquidity Regulation on Bank Intermediation", *Review of Finance*, 2016, 20 (5): 1945-1979.

[40] Borio, C. and Disyatat, P., "Unconventional Monetary Policies: An Appraisal", The Manchester School, University of Manchester, 2010, 78: 53-89.

[41] Borio, C. and White, W. R., "Whither Monetary and Financial Stability? The Implications of Evolving Policy Regimes", BIS Working Paper, 2004, No. 147.

[42] Borio, C. and Zhu, H., "Capital Regulation, Risk-taking and Monetary Policy: A Missing Link in the Transmission Mechanism?", *Journal of Financial Stability*, 2012, 8 (4): 236-251.

[43] Brunnermeier, M. K., and Sannikov, Y., "A Macroeconomic Model with a Financial Sector", *American Economic Review*, 2014, 104: 379-421.

[44] Bruno V. and Shin H. S., "Capital Flows and the Risk-Taking Channel of Monetary Policy", *Journal of Monetary Economics*, 2015, 71: 119-132.

[45] Cai, J., Eidam, F., Saunders, A. and Steffen, S., "Syndication, Interconnectedness, and Systemic Risk", *Journal of Financial Stability*, 2018, 34: 105-120.

[46] Campello, M. and Giambona, E., "Real Assets and Capital Structure", *Journal of Financial and Quantitative Analysis*, 2013, 48: 1333-

1370.

［47］Campello, M., "Internal Capital Markets in Financial Conglomerates: Evidence from Small Bank Responses to Monetary Policy", *Journal of Finance*, 2002, 57: 2773-2805.

［48］Cerutti, E., Claessens S., and Ratnovski, L., "Global Liquidity and Cross-border Bank Flows", *Economic Policy*, 2017, 32 (89): 81-125.

［49］Cetorelli, N. and Goldberg, L., "Banking Globalization and Monetary Transmission", *Journal of Finance*, 2012, 67: 1811-1843.

［50］Chakraborty, I., Goldstein, I., and MacKinlay, A., "Monetary Stimulus and Bank Lending", *Journal of Financial Economics*, 2020, 136 (1): 189-218.

［51］Chami, R. and Cosimano, T. F., "Monetary Policy with a Touch of Basel", *Journal of Economics and Business*, 2010, 62: 161-175.

［52］Christensen, J. H. and Rudebusch, G. D., "The Response of Interest Rates to US and UK Quantitative Easing", *Economic Journal*, 2012, 122 (564): F385-F414.

［53］Curdia, V. and Woodford, M., "The Central-bank Balance Sheet as an Instrument of Monetary Policy", *Journal of Monetary Economics*, 2011, 58: 54-79.

［54］De Haas, R. and Van Horen, N., "Running for the Exit? International Bank Lending during a Financial Crisis", *Review of Financial Studies*, 2012, 26: 244-285.

［55］De Haas, R. and Van Lelyveld, "Internal Capital Markets and Lending by Multinational Bank Subsidiaries", *Journal of Financial Intermedi-*

ation, 2010, 19 (1): 1 -25.

[56] Del Negro, M. et al., "The Great Escape? A Quantitative Evaluation of the Fed's Liquidity Facilities", *American Economic Review*, 2017, 107 (3): 824 -857.

[57] Dell'Ariccia, G., Laeven, L., and Suarez, G., "Bank Leverage and Monetary Policy's Risk-taking Channel: Evidence from the United States", International Monetary Fund, 2013, No. 13 -143.

[58] Dell'Ariccia, G., Laeven, L., Marquez, R., "Monetary Policy, Leverage, and Bank Risk-taking", International Monetary Fund, 2010, No. 10 -276.

[59] Di Maggio, M., Kermani, A., and Palmer, C. J., "How Quantitative Easing Works: Evidence on the Refinancing Channel", *Review of Economic Studies*, 2020, 87 (3): 1498 -1528.

[60] Dietrich, A., Hess, K., and Wanzenried, G., "The Good and Bad News about the New Liquidity Rules of Basel Ⅲ in Western European Countries", *Journal of Banking & Finance*, 2014, 44: 13 -25.

[61] Disyatat, P., "The Bank Lending Channel Revisited", *Journal of Money, Credit and Banking*, 2011, 43 (4): 711 -734.

[62] Eggertsson, G. B. and Woodford, M., "Zero Bound on Interest Rates and Optimal Monetary Policy", *Brookings Papers on Economic Activity*, 2003: 139 -233.

[63] Ehrmann, M., Gambacorta, L., Martínez-Pagés, J., Sevestre, P., and A. Worms, "Financial Systems and the Role of Banks in Monetary Policy Transmission in the Euro Area", ECB Working Paper, 2001, No. 105.

[64] Ennis, H. M. and Wolman, A. L., "Excess Reserves and the

New Challenges for Monetary Policy", Richmond Fed Economic Brief.

[65] Ennis, H. M. and Wolman, A. L., "Large Excess Reserves in the United States: A View from the Cross-section of Banks", *International Journal of Central Banking*, 2015, 11: 251 - 289.

[66] Fawley, B. W. and Neely, C. J., "Four Stories of Quantitative Easing", *Federal Reserve Bank of St. Louis Review*, 2013, 95: 5 - 88.

[67] Ferreira, M. A. and Matos, P., "Universal Banks and Corporate Control: Evidence from the Global Syndicated Loan Market", *Review of Financial Studies*, 2012, 25: 2703 - 2744.

[68] Forbes, K., and Warnock, F. E., "Capital Flow Waves: Surges, Stops, Flight, and Retrenchment", *Journal of International Economics*, 2012, 88 (2): 235 - 251.

[69] Fratzscher, M., "Capital Flows, Push versus Pull Factors and the Global Financial Crisis", *Journal of International Economics*, 2012, 88 (2), 341 - 356.

[70] Freixas, X. and Rochet, J. - C., *Microeconomics of Banking*, MIT Press, Cambridge, MA, 1997 (2).

[71] Frost, P. A., "Banks' Demand for Excess Reserves", *Journal of Political Economy*, 1971, 79 (4): 805 - 825.

[72] Gagnon, J., Raskin, M., Remache, J., and Sack, B., "The Financial Market Effects of the Federal Reserve's Large-scale Asset Purchases", *International Journal of Central Banking*, 2011, 7: 3 - 43.

[73] Gambacorta, L., "Inside The Bank Lending Channel", *European Economic Review*, 2005, 49 (7): 1737 - 1759.

[74] Gertler, M. and Karadı, P., "A Model of Unconventional Mone-

tary Policy", *Journal of Monetary Economics*, 2011, 58: 17 -34.

[75] Gertler, M. and Karadi, P., "QE 1 vs. 2 vs. 3...: A Framework for Analyzing Large-scale Asset Purchases as a Monetary Policy Tool", *International Journal of Central Banking*, 2013, 9: 5 -53.

[76] Gertner, R. H., Scharfstein, D. S., and Stein, J. C., "Internal versus External Capital Markets", *Quarterly Journal of Economics*, 1994, 109: 1211 -1230.

[77] Giannetti, M. and Laeven, L., "The Flight Home Effect: Evidence from the Syndicated Loan Market during Financial Crises", *Journal of Financial Economics*, 2012, 104: 23 -43.

[78] Gilchrist, S., Yankov, V., and Zakrajsek, E., "Credit Market Shocks and Economic Fluctuations: Evidence from Corporate Bond and Stock Markets", *Journal of Monetary Economics*, 2009, 56: 471 -493.

[79] Giordana, G. A. and Schumacher, I., "Bank Liquidity Risk and Monetary Policy: Empirical Evidence on the Impact of Basel Ⅲ Liquidity Standards", *International Review of Applied Economics*, 2013, 27 (5): 633 -655.

[80] Hancock, D. and Passmore, S. W., "How the Federal Reserve's Large-scale Asset Purchases (lsaps) Influence Mortgage-backed Securities (mbs) Yields and US Mortgage Rates", Federal Reserve's Working Paper, 2014.

[81] Hancock, D. and Passmore, W., "Did the Federal Reserve's MBS Purchase Program Lower Mortgage Rates?", *Journal of Monetary Economics*, 2011, 58: 498 -514.

[82] Hancock, D. and Wilcox, J., "The 'Credit Crunch' and the

Availability of Credit to Small Business", *Journal of Banking and Finance*, 1998, 22: 983 - 1014.

[83] Houston, J., James, C., and Marcus, D., "Capital Market Frictions and the Role of Internal Capital Markets in Banking", *Journal of Financial Economics*, 1997, 46: 135 - 164.

[84] Joyce, M. A. and Spaltro, M., "Quantitative Easing and Bank Lending: A Panel Data Approach", *Bank of England Quarterly Bulletin*, 2014, 54: 355.

[85] Joyce, M., Miles, D., Scott, A., and Vayanos, D., "Quantitative Easing and Unconventional Monetary Policy - An Introduction", *Economic Journal*, 2012, 122 (564): 271 - 288.

[86] Kandrac, J. and Schlusche, B., "Quantitative Easing and Bank Risk Taking: Evidence from Lending", Available at SSRN 2684548, 2018.

[87] Kannan, P. and Rabanal, P., "Monetary and Macroprudential Policy Rules in a Model with House Price Booms", *The BE Journal of Macroeconomics*, 2012, 12 (1): 1 - 44.

[88] Kashyap, A. K. and Stein, J. C., "Monetary Policy and Bank Lending", in *Monetary Policy*, The University of Chicago Press, 1994: 221 - 261.

[89] Kashyap, A. K. and Stein, J. C., "The Impact of Monetary Policy on Bank Balance Sheets", in Carnegie-rochester Conference Series on Public Policy, North-Holland, 1995, 42: 151 - 195.

[90] Kashyap, A. K. and Stein, J. C., "What Do a Million Observations on Banks Say about the Transmission of Monetary Policy?", *American Economic Review*, 2000, 90 (3): 407 - 428.

[91] Keil, J., "Do Relationship Lenders Manage Loans Differently?", Available at SSRN: https://ssrn.com/abstract=3322084, 2019.

[92] Khwaja, A. I. and Mian, A., "Tracing the Impact of Bank Liquidity Shocks: Evidence from an Emerging Market", *American Economic Review*, 2008, 98: 1413–1442.

[93] King, M. R., "The Basel Ⅲ Net Stable Funding Ratio and Bank Net Interest Margins", *Journal of Banking & Finance*, 2013, 37 (11): 4144–4156.

[94] Kishan, R. and Opiela, T., "Bank Size, Bank Capital, and the Bank Lending Chanel", *Journal of Money, Credit and Banking*, 2000, 32 (1): 121–141.

[95] Kiyotaki, N. and Moore, J., "Credit Cycles", *Journal of Political Economy*, 1997, 105: 211–248.

[96] Krishnamurthy, A. and Vissing-Jorgensen, A., "The Effects of Quantitative Easing on Interest Rates: Channels and Implications for Policy (No. w17555)", National Bureau of Economic Research, 2011.

[97] Kuang, C., Yang, J., and Zhu, W., "Quantitative Easing and Bank Lending: The Liquidity Channel", Available at SSRN 3554009, 2020.

[98] Lin, H. and Paravisini, D., "The Effect of Financing Constraints on Risk", *Review of Finance*, 2013, 17: 229–259.

[99] Mishkin, F. S., "Symposium on the Monetary Transmission Mechanism", *Journal of Economic Perspectives*, 1995, 9 (4): 3–10.

[100] Modigliani, F. and Sutch, R., "Innovations in Interest Rate Policy", *American Economic Review*, 1966, 56 (1/2): 178–197.

[101] Modigliani, F., Rasche, R., and Cooper, J. P., "Central

Bank Policy, the Money Supply, and the Short-term Rate of Interest", *Journal of Money, Credit and Banking*, 1970, 2: 166-218.

[102] Morgan, D. P., Rime, B., and Strahan, P. E., "Bank Integration and State Business Cycles", *Q. J. Econ*, 2004, 119: 1555-1584.

[103] Neely, C. J., "The Large-scale Asset Purchases had Large International Effects", *Federal Reserve Bank of St. Louis Working Paper*, 2012.

[104] Obstfeld, M., "Financial Flows, Financial Crises, and Global Imbalances", *Journal of International Money and Finance*, 2012, 31 (3): 469-480.

[105] Peek, J. and Rosengren, E. S., "Bank Lending and the Transmission of Monetary Policy", in Conference Series-federal Reserve Bank of Boston, Federal Reserve Bank of Boston, 1995, 39: 47-68.

[106] Poole, W., "Commercial Bank Reserve Management in a Stochastic Model: Implications for Monetary Policy", *Journal of Finance*, 1968, 23: 769-791.

[107] Popov, A. and Udell, G. F., "Cross-border Banking and the International Transmission of Financial Distress During the Crisis of 2007-2008", Working Paper, 2010.

[108] Qian, J. and Strahan, P. E., "How Laws and Institutions Shape Financial Contracts: The Case of Bank Loans", *Journal of Finance*, 2007, 62: 2803-2834.

[109] Rey H., "Dilemma not Trilemma: The Global Financial Cycle and Monetary Policy Independence", NBER Working Paper, 2015, No. w21162.

[110] Rodnyansky, A. and Darmouni, O. M., "The Effects of Quantitative Easing on Bank Lending Behavior", *Review of Financial Studies*,

2017, 30: 3858 - 3887.

[111] Romer, C. D. and Romer, D. H., "New Evidence on the Monetary Transmission Mechanism", *Brookings Papers on Economic Activity*, 1990, 21 (1): 149 - 214.

[112] Santomero, A. M., "Modeling the Banking Firm: A Survey", *Journal of Money, Credit and Banking*, 1984, 16 (4): 576 - 602.

[113] Santos, J. A., "Bank Corporate Loan Pricing following the Subprime Crisis", *Review of Financial Studies*, 2011, 24 (6): 1916 - 1943.

[114] Smets, F. and Wouters, R., "Shocks and Frictions in US Business Cycles: A Bayesian DSGE Approach", *American Economic Review*, 2007, 97 (3): 586 - 606.

[115] Stein, J. C., "An Adverse-Selection Model of Bank Asset and Liability Management with Implications for the Transmission of Monetary Policy", *The Rand Journal of Economics*, 1998, 29 (3): 466 - 486.

[116] Vayanos, D. and Vila, J. L., "A Preferred-habitat Model of the Term Structure of Interest Rates (No. w15487)", National Bureau of Economic Research, 2009.

[117] Woodford, M., "Financial Intermediation and Macroeconomic Analysis", *Journal of Economic Perspectives*, 2010, 24 (4): 21 - 44.

[118] Zicchino, L., "A Model of Bank Capital, Lending and the Macroeconomy: Basel Ⅰ Versus Basel Ⅱ", Bank of England Working Paper, 2005.

图书在版编目（CIP）数据

货币政策传导的信贷渠道：基于商业银行视角的研究/朱文宇著．—北京：经济科学出版社，2021.5
ISBN 978-7-5218-2509-1

Ⅰ.①货…　Ⅱ.①朱…　Ⅲ.①货币政策-研究
Ⅳ.①F820.1

中国版本图书馆 CIP 数据核字（2021）第 077117 号

责任编辑：初少磊
责任校对：靳玉环
责任印制：范　艳　张佳裕

货币政策传导的信贷渠道
——基于商业银行视角的研究
朱文宇　著
经济科学出版社出版、发行　新华书店经销
社址：北京市海淀区阜成路甲 28 号　邮编：100142
总编部电话：010-88191217　发行部电话：010-88191540
网址：www.esp.com.cn
电子邮箱：esp@esp.com.cn
天猫网店：经济科学出版社旗舰店
网址：http://jjkxcbs.tmall.com
北京季蜂印刷有限公司印装
710×1000　16 开　10 印张　110000 字
2021 年 5 月第 1 版　2021 年 5 月第 1 次印刷
ISBN 978-7-5218-2509-1　定价：48.00 元
（图书出现印装问题，本社负责调换。电话：010-88191510）